El Poder de la Disciplina Positiva

7 Técnicas Fáciles para Fortalecer la Fuerza de Voluntad, Mejorar la Resistencia Mental y Lograr tus Objetivos Sin Esfuerzo

Logan Mind

Copyright © 2024 - All rights reserved.

EMOTIONAL INTELLIGENCE
for Social Success

FREE DOWNLOAD: pxl.to/loganmindfreebook

LOGAN MIND

EXTRAS

https://pxl.to/LoganMind

Books
Workbooks
FREE GIFTS
Review Team
Audiobooks
Contacts

CLICK NOW!

@loganmindpsychology

¡Obtén tu libro gratuito!

Como una forma de agradecer tu compra, estoy ofreciendo el libro **Inteligencia Emocional para el Éxito Social** de forma GRATUITA a mis lectores.

Dentro del libro, descubrirás:

- Cómo leer e influir en las emociones de otros
- Técnicas para gestionar y utilizar efectivamente tus propias emociones
- Estrategias para establecer relaciones personales y profesionales más sólidas
- Ideas para mejorar las habilidades sociales para una vida más plena
- Consejos prácticos para aumentar la empatía y comprensión

Si deseas dominar las habilidades para mejorar tus interacciones sociales y construir mejores relaciones, asegúrate de obtener el libro gratuito.

Cómo obtener el libro:

- Sigue el enlace a continuación
- Haz clic en Libro GRATIS
- Inserta el idioma
- ¡Descarga tu libro!

Para obtener acceso instantáneo, solo ve a:

https://pxl.to/LoganMind

Cómo Descargar tus Extras

¡Bienvenido! Este libro promete equiparte con las herramientas y técnicas para aprovechar el poder de la autodisciplina positiva. Pero, ¿por qué detenerse ahí? Imagina tener recursos adicionales al alcance de tu mano para hacer tu **viaje** más fácil y enriquecedor. Es por eso que estoy ofreciendo algunos extras increíblemente **valiosos** para ayudarte a **aplicar inmediatamente lo que aprendes**, fortalecer tu fuerza de voluntad y mantener tu progreso.

Estos extras están diseñados para servir como un **sistema de apoyo complementario** para tu práctica de autodisciplina, haciéndola más fácil y **efectiva**:

- **Desafío de 21 Días**: Una guía práctica, paso a paso, para impulsar tu disciplina y construir impulso.
- **101+ Frases Motivacionales para la Fuerza de Voluntad**: Inspiraciones rápidas para mantenerte motivado y enfocado.
- **Lista de Hábitos Diarios**: Estructurada para ayudarte a rastrear y mantener tus nuevos hábitos positivos.
- **Extra: Inteligencia Emocional para el Éxito Social**: Un recurso completo para mejorar tus habilidades interpersonales.

Sigue estos simples pasos para descargar tus extras:

- Sigue el enlace a continuación
- Haz clic en la portada del libro

- Haz clic en EXTRAS
- Inserta el idioma que hablas
- Haz clic en Descargar
- Descarga desde la página que se abre posteriormente.

Échale un vistazo a los extras aquí:

https://pxl.to/LoganMind

¿Interesado en Otros Libros?

¿Estás encontrando valor en este libro? Imagina cuánto más profunda podría ser tu comprensión con lecturas complementarias sobre temas relacionados. **Explorar** diferentes aspectos del crecimiento personal solo solidificará y expandirá los inmensos logros que ya has alcanzado.

- **Fortaleza Mental y Resiliencia:**

Aunque has dominado las técnicas de este libro, desarrollar la fortaleza mental es otra piedra angular crítica. Mi próximo lanzamiento se centra en construir una mentalidad indomable para enfrentar con gracia los desafíos de la vida. Esta adición a tu lectura armonizará con tus aprendizajes actuales y te hará aún más resiliente.

- **Atención Plena y Meditación:**

Ser disciplinado es, por supuesto, vital. Pero combinar tu disciplina recién adquirida con atención plena y meditación puede amplificar significativamente tu vida diaria. En mi guía estructural, encontrarás técnicas prácticas para lograr serenidad y enfoque a través de prácticas conscientes. Espéralo pronto en estanterías.

- **Trucos de Productividad y Hábitos:**

Maximizar el poder de las acciones disciplinadas requiere una gestión eficiente del tiempo y hábitos que apoyen tus metas. Mi libro recientemente publicado explora trucos de productividad poderosos que pueden convertir una rutina mundana en un flujo de trabajo optimizado. Este recurso está hecho a medida para complementar todo lo que has extraído de los materiales de lectura actuales.

Estas lecturas complementarias no solo profundizarán tu comprensión de la autodisciplina positiva, sino que enriquecerán significativamente tu camino general de crecimiento personal.

¿Interesado en acceder a más de mis obras? **Sigue el enlace** a continuación:

- **Consulta los libros y contactos aquí**:

https://pxl.to/LoganMind

¡Únete a mi Equipo de Reseñas!

¡Muchas gracias por leer mi libro! Tu apoyo significa mucho para mí, y estoy emocionado de ofrecer una oportunidad para lectores como tú de convertirse en una parte integral de mi **Equipo de Reseñas**.

Si te encanta leer y estás ansioso por tener acceso a nuevos libros, me encantaría tenerte a bordo. Al unirte a mi **equipo de lectura anticipada (ARC team)**, recibirás copias gratuitas de mis próximos libros a cambio de tu opinión honesta. Esta retroalimentación es invaluable y me ayuda a mejorar con cada lanzamiento.

Así es como puedes unirte:

- Haz clic en el enlace o escanea el código QR a continuación.
- Haz clic en la portada del libro en la página que se abre.
- Haz clic en "Únete al Equipo de Reseñas."
- Regístrate en BookSprout.
- Recibe notificaciones cada vez que lance un nuevo libro.

Echa un vistazo al equipo aquí:

https://pxl.to/LoganMind

Introducción

"La autodisciplina es el poder mágico que te hace prácticamente imparable."

¿Esas palabras te llegan? ¿Te desconcierta un poco cómo algunas personas parecen poseer una fuerza casi mágica que las impulsa hacia sus objetivos, mientras que el resto de nosotros luchamos con la procrastinación y la auto-duda?

Aquí hay algo que he aprendido al entrenar a innumerables individuos y trabajar con algunas de las mentes más agudas en las principales industrias: no es magia, es **disciplina**. Más específicamente, es **autodisciplina positiva**. Puede que te preguntes qué hace que la disciplina positiva sea diferente de la autodisciplina que todos hemos intentado en algún momento, con diferentes grados de éxito.

En este libro, te guiaré para entender esa distinción. Seamos sinceros: todos luchamos en algún momento por mantenernos comprometidos con nuestros objetivos. Puede ser seguir una rutina de ejercicio, resistir ese trozo extra de pastel, o superar un proyecto desafiante en el trabajo. El contenido aquí está diseñado para fortalecer tu fuerza de voluntad, mejorar tu resistencia mental y, en última instancia, sí, ayudarte a alcanzar tus metas sin la lucha habitual.

Quiero que pienses en algunas de las frustraciones que enfrentas cada día. Tal vez se trate de postergar proyectos importantes. O tal vez sea ese crítico interno que te derriba. Créeme, sé lo paralizantes que pueden ser estas barreras porque yo también las he enfrentado. Los beneficios que disfrutarás al sumergirte en este libro son inmensos. Obtendrás técnicas perspicaces alineadas con el comportamiento humano y la psicología, métodos que he investigado y aplicado en mis sesiones de entrenamiento con ejecutivos e individuos por igual.

Aquí tienes por qué puedes confiar en lo que comparto contigo. Siempre me ha interesado tender un puente entre las teorías psicológicas grandilocuentes y su aplicación en el mundo real. Piensa en este libro como tu puente personal. Mis raíces están profundamente arraigadas en el rigor académico: he pasado toda una vida inmerso en el estudio y la aplicación práctica de la psicología, la filosofía y la comunicación. Al haber tenido la oportunidad de trabajar con diferentes organizaciones y sus líderes, he sido testigo de primera mano de cómo el empleo de la disciplina positiva transforma vidas enteras, incluida la mía.

¡Bueno, suficiente sobre mí! Hablemos de lo que explorarás en este libro. Está estructurado en partes que se van construyendo unas sobre otras, como capas de una torta muy motivadora. Comenzamos estableciendo las bases, adentrándonos en la ciencia de cómo funciona la disciplina en partes del cerebro y por qué nuestras emociones están profundamente vinculadas con nuestro autocontrol. Esta fundamentación científica es necesaria para introducir un enfoque medible y sostenible en la autodisciplina. Créeme, saber *cómo* funciona la fuerza de voluntad en tu cerebro es extrañamente empoderador.

A continuación, exploramos el terreno psicológico detrás del crecimiento personal. Verás, el cambio es importante y superar nuestro sesgo inherente hacia el status quo (Sí, eso significa salir de nuestras acogedoras zonas de confort) requiere pensamiento estratégico. Y esta parte es donde hablamos de formular tu visión para el crecimiento personal, respaldada por ingeniosos conceptos psicológicos.

Luego nos sumergimos profundamente en el concepto que me fascina profundamente: la resistencia mental. Aquí es donde unimos cómo mejorar tu enfoque, fortalecer tus habilidades cognitivas y aumentar tu control de los impulsos.

Pero hey, construir un rascacielos sin una base sólida no termina muy bien, ¿verdad? Entonces, la Parte 2 trata sobre prepararse para el éxito. Desde establecer metas intencionales y *inteligentes* hasta construir hábitos que garanticen una positividad a largo plazo, desglosamos estrategias que preparan el escenario para el éxito sostenible. Quiero decir, ¿quién sabía que existía un método como "WOOP", eh? Pista: Significa Deseo, Resultado, Obstáculo y Plan. Vamos más allá de ideas abstractas para darte rutinas concretas, ya sea en tu alimentación, sueño o simplemente gestionando mejor tu tiempo.

Y porque cada camino hacia el éxito está lleno de desafíos, aprenderás a superar obstáculos comunes como la procrastinación y a lidiar con la incomodidad. Créeme, ¡estos son obstáculos específicos que todos conocemos demasiado bien!

Finalmente, en la Parte 3, llevaremos nuestro conocimiento a la práctica con ideas sobre cómo dominar la gestión del tiempo e implementar la autodisciplina de manera fluida en las actividades diarias. Lograr resultados duraderos no se trata de trabajar duro día tras día, sino de encontrar un equilibrio entre una motivación sostenida y un descanso eficiente.

Aquí tienes tu llamado a la acción: sumérgete en estos capítulos, saborea cada técnica y aplica lo que resuene contigo. Utiliza este libro como tu plan personal para construir la vida que estás buscando. Todo lo que se necesita es un toque de **autodisciplina positiva**: una habilidad que eres completamente capaz de cultivar.

¿Estás listo para comenzar la transformación? Sumérgete en el siguiente capítulo y ¡comencemos este viaje hacia un tú más lleno de fuerza de voluntad y disciplina!

Parte 1: Poniendo los cimientos

Capítulo 1: La Ciencia de la Disciplina Positiva

"La esencia de la verdadera disciplina está motivada por el amor, no por el miedo."

Pensemos en la disciplina por un momento, ¿por qué la necesitamos? Este capítulo se sumerge en el *increíble* mundo de la **disciplina positiva** y nos ayuda a comprender por qué realmente importa. Ahora, imagina esto: Estás tratando de terminar esa tarea, pero las distracciones están por todas partes. ¡Es tan frustrante, ¿verdad? Es aquí donde entra en escena la disciplina positiva, combinando amabilidad y reglas claras.

Aprenderás sobre el *autocontrol* y por qué no es solo la fuerza de voluntad la que te ayuda a superar tareas difíciles. Nuestros cerebros tienen un diseño biológico para la *fuerza de voluntad*—¡casi como un arma secreta! ¿Alguna vez te has preguntado por qué tus emociones a menudo parecen sabotear tus mejores intenciones? También abordaremos eso, hablando de cómo nuestros sentimientos juegan un papel *masivo* en si tenemos éxito o fallamos.

Más importante aún, la disciplina positiva no se trata solo de desempeñarse mejor en la escuela o el trabajo; ¡también tiene increíbles beneficios para tu *salud mental*! Imagina sentirte más relajado y menos estresado porque has desarrollado buenos hábitos.

Entonces... ¡pongámonos en marcha! Porque comprender la disciplina positiva puede cambiar por completo el juego para ti. No te lo pierdas. Sumérgete en este capítulo para encontrar respuestas a esas preguntas persistentes y, ¿quién sabe?, tal vez descubrir un nuevo tú en el camino. ¿Listo? ¡Vamos!

Comprendiendo la Disciplina Positiva

Entonces, hablemos de lo que realmente significa la **disciplina positiva**. La disciplina positiva se centra en enseñar y guiar en lugar de castigar. Piénsalo como la forma "amable" de guiar a alguien, a un niño o incluso a ti mismo, hacia mejores elecciones. Su objetivo es fomentar el respeto, un sentido de responsabilidad y la capacidad de pensar de forma independiente.

Por otro lado, la disciplina punitiva se trata de la penalización y el castigo. Este enfoque puede "funcionar" a corto plazo para frenar la mala conducta a través del miedo, pero a menudo genera resentimiento, desafío e incluso más mala conducta con el tiempo. Es como golpear una mosca con un martillo, sí, puede que alcances a la mosca, pero probablemente hagas más daño que bien.

La disciplina positiva aprovecha el refuerzo a través del estímulo y el apoyo. Todos queremos una palmadita en la espalda, ¿verdad? Todos prosperamos con el reconocimiento, al escuchar "¡Hiciste un gran trabajo!" o "¡Estoy orgulloso de ti!" El estímulo construye a una persona, sienta las bases para la autoeficacia, la creencia de que puedes manejar los desafíos de la vida. Por ejemplo, elogiar el esfuerzo de un niño al limpiar su habitación, incluso si no está perfecta, probablemente hará que se sienta bien y quiera seguir haciendo un buen trabajo. Contrasta esto con no decir nada nunca o castigar por pequeños desastres, ¿qué es inspirador en eso?

La idea es simple: el estímulo promueve un cambio de comportamiento a largo plazo. Cuando recibes apoyo y te sientes capaz, es más probable que sigas mejorando. "La disciplina positiva se trata de guía en lugar de castigo, centrándose en enseñar y guiar a alguien hacia el camino correcto de manera de apoyo." Cuando nos sentimos vistos y apoyados, estamos más inclinados a esforzarnos por ser mejores, manejar contratiempos con más gracia y mantener esos buenos comportamientos a lo largo del tiempo.

Existe un concepto en la ciencia del comportamiento conocido como el "efecto de refuerzo". Básicamente, el refuerzo positivo (como elogiar un buen comportamiento) hace que ese comportamiento sea más probable que ocurra nuevamente. Dado un entorno de apoyo, las personas están mucho más abiertas a hacer cambios positivos duraderos. Imagina lo impactante que puede ser esto no solo para los niños, sino para todos los que intentan adoptar nuevos hábitos, como ponerse en forma o estudiar regularmente.

Para ponerlo en práctica, aquí tienes algunos consejos:

- Ofrece elogios y recompensas por los logros alcanzados, no importa cuán pequeños puedan parecer. A todos les encantan las estrellas doradas, no solo a los niños.
- Divide las tareas en pasos manejables. Comprender lo que se debe hacer hace que la tarea sea menos intimidante y más alcanzable.
- Practica el diálogo interno positivo. Di cosas como "Voy por el camino correcto" o "Cada esfuerzo cuenta".
- Usa los errores como oportunidades de aprendizaje en lugar de momentos para castigar o criticar.

Al centrarse en estas pequeñas acciones de apoyo, la disciplina positiva fomenta una mentalidad de crecimiento. Cuando este enfoque se aplica de manera consistente, las personas, ya sean niños pequeños o adultos, estarán más motivados, resilientes y autodirigidos. Además, ¿quién no aprecia la retroalimentación constructiva sobre la crítica severa?

En última instancia, la esencia de la disciplina positiva radica en el estímulo de una perspectiva progresiva, avanzando paso a paso. Reconoce que los seres humanos están intrínsecamente motivados por la amabilidad y el apoyo, un suave empujón en la dirección correcta. Las castigos pueden sofocar temporalmente el comportamiento no deseado, posiblemente incluso infundiendo miedo, pero no fomentan un cambio o crecimiento duradero. La disciplina positiva, por otro lado, cultiva un entorno donde las personas se sienten seguras y alentadas a aprender de sus errores. Es, sin duda, una forma más sostenible y humana de fomentar mejoras conductuales consistentes, allanando el camino para un desarrollo personal sincero y duradero.

Entonces, cuando hablamos de cambiar el comportamiento de manera positiva, se trata de reforzar lo bueno y alejarse de acciones que podrían deprimir a alguien, porque el viaje hacia convertirnos en nuestras mejores versiones siempre florece mejor en un entorno lleno de apoyo, cuidado y positividad.

La Base Biológica del Autocontrol.

Bien, hablemos sobre lo que sucede en nuestros cerebros cuando intentamos controlar nuestros impulsos. Para empezar, necesitamos hablar del **córtex prefrontal**. Esta parte del cerebro, justo detrás de la frente, es como el gerente de una oficina ocupada. Supervisa la **toma de decisiones**, la **planificación**, y básicamente, todas las cosas que necesitamos para mantener nuestras vidas organizadas. Cuando intentas resistir esa galleta adicional o completar una tarea difícil, es tu córtex prefrontal el que está trabajando.

Ahora, guiando las acciones del córtex prefrontal están los **neurotransmisores** —estos mensajeros químicos son como pequeños trabajadores postales que entregan información importante en todo el cerebro. La **dopamina**, por ejemplo, desempeña un papel crucial. A menudo se la etiqueta como el "químico de recompensa" porque ayuda a regular el placer y el refuerzo. Cuando logras resistir la tentación con éxito, tu cerebro libera un poco de dopamina como una señal de "buen trabajo". La **serotonina** es otro actor clave, manteniendo nuestro estado de ánimo y comportamiento bajo control, para que no solo nos sintamos bien sino que también permanezcamos calmados y racionales. Es como tener un buen amigo que te ayuda a mantener la calma.

Desde una **perspectiva evolutiva**, nuestra autodisciplina o autocontrol comenzó hace mucho tiempo cuando nuestros antepasados tuvieron que gestionar recursos y planificar cacerías. La capacidad de mirar hacia adelante y prepararse para el futuro era crítica para la supervivencia. Necesitaban controlar los impulsos para asegurarse de tener suficiente comida durante tiempos difíciles y para protegerse de amenazas naturales. Es como si nuestros instintos antiguos nos hubieran dejado con esta increíble habilidad de pensar las cosas, planificar y mantener la paciencia, cualidades que se han perfeccionado a lo largo de miles de años.

Lo curioso es cómo esto encaja en la vida cotidiana. ¿Alguna vez has encontrado tu mente divagando durante una tarea aburrida? Eso se debe a que el córtex prefrontal se cansa, como los músculos después de hacer ejercicio. Por eso, después de un día lleno de tomar decisiones, es posible que te sientas totalmente agotado. Curiosamente, esta fatiga mental afecta de manera similar al autocontrol. Cuando el córtex prefrontal está sobrecargado, es más difícil resistir las tentaciones o mantenerse enfocado en una tarea, por eso descansar y tener una buena nutrición en realidad ayuda a tu fuerza de voluntad.

No se puede negar que estos elementos biológicos moldean cómo ejercemos el autocontrol. El córtex prefrontal lidera el camino, respaldado por neurotransmisores como la dopamina y la serotonina, mientras que el lado evolutivo explica por qué incluso tenemos estas habilidades. Este aspecto esencial de nuestras funciones cerebrales evolucionó para asegurarse de que no solo reaccionemos por impulsos, sino que también consideremos las implicaciones futuras de nuestras acciones, evidencia que ha sido relevante desde la era de las cavernas hasta el mundo moderno de hoy.

"Cuanto más entendemos sobre las complejidades del cerebro, mejor equipados estamos para manejar nuestro comportamiento de maneras que construyan un yo consciente más saludable."

Piénsalo de esta manera: no estamos simplemente a merced de nuestros estados de ánimo o caprichos; la ciencia actúa como un equipo que nos respalda. Entonces, abordemos el autocontrol con nuestro córtex prefrontal funcionando a plena capacidad y esos neurotransmisores haciendo su parte, sabiendo que tenemos una ventaja evolutiva profunda de nuestro lado.

Cómo funciona la fuerza de voluntad en el cerebro

La ciencia del cerebro tiene una forma realmente interesante de mostrarnos cómo funciona realmente la **fuerza de voluntad**. No es simplemente una fuerza mágica. La **toma de decisiones** implica varias partes de tu cerebro. Imagina la que está a cargo: el **corteza prefrontal**. ¡Es el ejecutivo de tu cerebro! Esta parte te ayuda a ver opciones, evaluar resultados y tomar decisiones. Pero no lo hace solo. Recibe ayuda de otras áreas del cerebro, incluido el **sistema límbico**, que controla tus deseos y respuestas emocionales.

Durante la **toma de decisiones**, estos sistemas desencadenan una especie de lucha. Imagina un lado queriendo ese donut, y el otro presionando por un bocadillo más saludable. Agotar esta poderosa corteza prefrontal sucede cuando necesitas fuerza de voluntad repetidamente en un corto período de tiempo. Cuantas más decisiones tomes, más agotado te sentirás. Se conoce como "fatiga de decisión" y está respaldada por algunas ciencias interesantes.

Aquí es donde entra en juego la **glucosa**. Con poca glucosa, nuestra autocontrol disminuye. Este azúcar alimenta la actividad de nuestro cerebro. ¿Mucha fuerza de voluntad en poco tiempo? Se agota la glucosa más rápido. Imagínate trabajando todo el día y resistiendo la tentación de comer por estrés. ¿Te suena familiar? A medida que las reservas de glucosa disminuyen, tu capacidad para resistir la tentación se debilita. Es casi como si tu cerebro necesitara combustible regular para dirigir el barco.

Para mantener esos niveles de glucosa estables, comidas pequeñas consistentes que nutran suenan como un plan inteligente, ¿verdad? De esta manera, tu cerebro obtiene el suministro que necesita para mantenerse proactivo en resistir la tentación.

Luego está la parte verdaderamente enriquecedora: fortalecer la fuerza de voluntad a través de la práctica. Resulta que la fuerza de voluntad es como desarrollar músculo. **Con un uso constante, puede volverse más fuerte con el tiempo**. Los investigadores destacan que los ejercicios de fuerza de voluntad, al igual que los físicos, aumentan su resistencia general. Puede sonar simple, pero hacer pequeños cambios, como resistir esa cucharada extra de helado o elegir leer antes de acostarse en lugar de maratonear un programa, podrían ayudar a fortalecer la fuerza de voluntad con el tiempo.

¿Un truco que puede resultarte interesante? Establecer rutinas diarias. Crear hábitos minimiza la necesidad de decisiones, preservando esa energía preciosa. O mantener ordenado tu espacio de trabajo podría ayudar a evitar distracciones menores, para que ahorres esa energía mental para tareas más difíciles.

Piensa en la fuerza de voluntad como una fuerza mental que puede fortalecerse con el entrenamiento. ¡Esto hace que alcanzar tus metas sea más manejable, no se trata de luchar! Acepta las demandas de la vida con una mentalidad más resiliente.

La verdadera clave está en *entender* y *apreciar* este juego de resistencia mental. Este enfoque crea una máquina de fuerza de voluntad más fuerte y confiable.

Así que la próxima vez, enfrentado con decisiones, ¿por qué no empujarte suavemente hacia esos pequeños buenos hábitos? Incluso ellos, los pasos aparentemente mínimos, fortalecen tu motor interno de fuerza de voluntad. Ya sea realizando ráfagas cortas de ejercicio de manera rutinaria o ordenando tu escritorio, estas acciones fortalecen tu resistencia mental. Establecer el compromiso para mantener mejoras puede moldear una rutina para afilar tu fuerza de voluntad sin sentir que es un gran esfuerzo.

Usar estas técnicas sabiamente te permite controlar el timón de la autodisciplina, alimentar este poder mental con la esquiva glucosa y observar con alegría cómo tu músculo de toma de decisiones comienza a inclinarse hacia tus metas. Resistir más, pero luchar menos: la ciencia potencia nuestras ambiciones, reduciendo la fatiga mental.

¡Usemos "neurociencia" para preparar un shot equilibrado de energía cerebral poderosa!

Esto se alinea perfectamente con los cerebros aquí. No te estreses por todas las decisiones; pon a trabajar los hábitos.

El Papel de las Emociones en la Autodisciplina

Las emociones juegan un papel importante en la autodisciplina. Piensa en esos momentos en los que te sentiste abrumado por los sentimientos. Tal vez estabas realmente cansado o súper emocionado, y tus planes se desviaron un poco. Eso es porque las emociones tienen esta forma de colarse y influir en nuestras decisiones. Cuando estás feliz, triste o estresado, es fácil que la autodisciplina pase a un segundo plano.

Uno de los mayores impactos de las emociones en la disciplina es la **regulación emocional**. Esto significa cuán bien puedes manejar y controlar tus sentimientos. Cuando las emociones están por todas partes, la autodisciplina puede sentirse casi imposible. Mantener la calma, incluso cuando las cosas van mal, ayuda a mantenerse firme en las decisiones y evitar reacciones impulsivas. Pero ¿cómo hacer esto cuando las emociones son tan fuertes?

Los desencadenantes emocionales son otro desafío. Los desencadenantes son esas pequeñas cosas que provocan grandes reacciones. Por ejemplo, sentirte aburrido podría llevarte a ver programas de televisión en lugar de trabajar, o el estrés podría empujarte hacia la comida reconfortante. Los desencadenantes comunes incluyen:

- **Estrés:** Te hace desear soluciones rápidas, como comida chatarra o saltarte los entrenamientos.
- **Fatiga:** El cansancio disminuye tus defensas, haciendo que sea más fácil ceder a la tentación.
- **Emoción:** Estar súper feliz puede hacerte sentir invencible... y tal vez un poco arriesgado con las decisiones.

Entonces, ¿cuál es el truco para manejar estas emociones para una mejor disciplina? Hay algunas técnicas excelentes que realmente pueden ayudar. La **atención plena** es un buen comienzo. Ser consciente de tus emociones a medida que vienen y van evita que se apoderen de ti. Puedes preguntarte a ti mismo: "¿Realmente tengo hambre o simplemente estoy estresado?" Esta pequeña pausa brinda suficiente espacio para elegir sabiamente.

Otra estrategia útil son los **ejercicios de respiración**. Técnicas simples de respiración profunda calman el cuerpo y la mente, ayudando a restablecer esos sentimientos intensos. Pruébalo la próxima vez que sientas una emoción fuerte: inhala durante cuatro tiempos, mantén durante cuatro y exhala durante cuatro.

También es valioso mantener un **diario emocional**. Escribir tus emociones y qué las provocó puede ofrecer ideas sorprendentes. Reconocer patrones ayuda a anticipar y planificar para esos desencadenantes en el futuro.

Pero las emociones no son solo malas noticias. Utilizar emociones positivas puede *apoyar* en gran medida tu autodisciplina. Sentirte orgulloso de logros pequeños puede impulsar la motivación, facilitando así cumplir con tu plan. El refuerzo positivo ayuda a crear hábitos duraderos.

Viene a la mente una historia sobre un amigo, llamémoslo Juan. Juan luchaba con la disciplina, especialmente cuando estaba estresado por el trabajo. Admitió que a menudo comía por estrés para sobrellevarlo. Después de comenzar a reconocer sus patrones de estrés, usando un diario y practicando la atención plena, las cosas cambiaron. Al conocer sus desencadenantes, pudo preparar meriendas saludables y a veces simplemente salir a dar un paseo rápido para despejar la mente. Pasos pequeños, pero marcaron una gran diferencia.

"Cuando las emociones secuestran la mente, la autodisciplina es la primera víctima."

En un mundo que a menudo se siente caótico, manejar nuestro mundo interior puede ser simple pero poderoso. Se trata de ser consciente de las emociones, anticiparlas y tener un plan. Como dicen, las emociones son como olas; no podemos detenerlas, pero podemos elegir cuáles surfear.

Beneficios de la Disciplina Positiva en la Salud Mental

Muy bien, vayamos directo al grano. Practicar la disciplina positiva aporta tantas ventajas a tu **bienestar mental** que te preguntarás por qué no empezaste antes. La reducción de la **ansiedad** y el **estrés** son como los efectos inmediatos y notables. Cuando estableces metas claras y alcanzables, así como reglas para ti mismo, descubres que las incertidumbres de la vida comienzan a ser manejables.

Digamos que tienes una gran fecha límite pendiente sobre ti, ¿puede ser una gran causa de ansiedad, verdad? Cuando lo desglosas (y te adhieres a ese plan de manera disciplinada), simplemente se siente menos abrumador. Es como quitarte un gran peso de encima. Obtienes esa sensación de "puedo hacer esto", incluso cuando las cosas son difíciles.

Otra gran cosa acerca de la disciplina positiva es que te enseña **resiliencia** y **habilidades de afrontamiento**. La vida está llena de desafíos y obstáculos, y todo eso puede ser bastante estresante. La parte genial es que cuando desarrollas autodisciplina, básicamente te estás preparando para manejar mejor estas situaciones. Al seguir rutinas disciplinadas regularmente, como hacer ejercicio o mantener un hobby, estás entrenando tu mente para mantenerse fuerte, incluso en tiempos difíciles. Esto desarrolla una resistencia mental con el tiempo, convirtiendo cada pequeño desafío en un escalón en lugar de un obstáculo.

Por cierto, ¿alguna vez has notado cómo algunas personas parecen mucho más felices y satisfechas con sus vidas? Lo más probable es que muchos de ellos practiquen la disciplina positiva. Tener un enfoque estructurado hacia tus metas puede hacerte más contento. Piénsalo de esta manera: saber hacia dónde te diriges y qué necesitas hacer para llegar allí te hace sentir más seguro, lo que contribuye directamente al bienestar general. No estás vagando sin rumbo; tienes un propósito, una dirección.

Y no se trata solo de grandes metas que cambian la vida. Hábitos diarios como la **atención plena**, el **ejercicio regular** y patrones de **sueño consistentes** contribuyen enormemente. Imagina despertarte cada día sabiendo que estás trabajando constantemente para mejorar. Tus esfuerzos pueden parecer pequeños día a día, pero se acumulan con el tiempo, mejorando significativamente tu calidad de vida y satisfacción.

Pequeños pasos, hechos con disciplina, conducen a grandes cambios.

Cuando comienzas a ver progreso debido a tus esfuerzos disciplinados, aumenta tu confianza. Comienzas a sentirte realizado, y este sentido de logro impregna otras áreas de tu vida. Te vuelves más optimista, listo para abordar nuevos objetivos porque has visto los resultados positivos del comportamiento disciplinado.

Así que desglosemos un poco más esto con algunos puntos clave:

- **Reducción de ansiedad y estrés:** Metas estructuradas mantienen a raya las incertidumbres de la vida.
- **Mejora de la resiliencia y habilidades de afrontamiento:** Las disciplinas diarias construyen una resistencia mental, haciendo que los desafíos sean más manejables.
- **Mejora del bienestar general y la satisfacción con la vida:** Esfuerzos alcanzables y consistentes dan un sentido de propósito y dirección.

Ahí lo tienes, simplemente practicar la disciplina positiva puede cambiar realmente las cosas para ti. De repente, la vida no se trata de esquivar un estrés tras otro; en cambio, se convierte en una serie de tareas manejables que te llevan hacia una vida más feliz y satisfactoria. Ya no estás desamparado dentro del caos de la vida, gracias a la claridad y estructura que la autodisciplina proporciona. Esto no solo aborda tu salud mental actual, sino que también establece una base sólida para tu bienestar futuro.

Capítulo 2: La Psicología detrás del Cambio

"El cambio es el resultado final de todo aprendizaje verdadero."

¿El cambio es difícil, verdad? Todos hemos sentido la resistencia obstinada de quedarnos con lo que conocemos, incluso cuando sabemos que hay mejores opciones disponibles. Este capítulo desentraña nuestras tendencias con la ayuda de la psicología, promete ser intrigante.

Descubriremos por qué quedarnos en nuestra zona de confort se siente seguro al abordar nuestro Sesgo del Status Quo. Pero la comodidad a menudo tiene un precio, activando nuestros miedos y tendencias a la Aversión a la Pérdida. (Todos hemos estado allí, no estás solo.)

Sin embargo, esto no es un relato de desgracias. Es una hoja de ruta con soluciones. Imagina conquistar tus miedos, superar tus temores. ¿Suena genial, verdad? ¿Qué tal construir resiliencia a través del Pensamiento Positivo? Sí, es posible y realmente sorprendente.

Y espera, no nos detenemos ahí. Cambiar tu mentalidad puede parecer mágico, desbloqueando nuevos caminos. La verdad es que un cambio en cómo vemos el mundo puede alterarlo todo.

Por último, trabajaremos en crear una Visión para el Crecimiento Personal. Porque cuando te imaginas una mejor versión de ti mismo, el cambio no solo parece obligatorio, sino emocionante. ¿Listo para este viaje revelador? Este capítulo tiene las llaves... ¡Un tú mejorado te espera!

Superando el Sesgo del Status Quo

Estar atrapado en hábitos familiares se siente seguro y cómodo. Te despiertas, sigues la rutina habitual y se convierte en un ciclo demasiado ajustado para romper. Esto es lo que llamamos la **"comodidad de la familiaridad."** Hay un cierto calor en saber qué esperar cada día, ¿y a quién no le encanta una vida libre de sorpresas?

Para comprender por qué nos aferramos a esta comodidad, es crucial detectar cómo los comportamientos automáticos toman el control. Estas son acciones que realizamos sin pensamiento consciente. Por ejemplo, tomar ese café por la mañana de camino al trabajo o caer directamente en el sofá después de la escuela para ver un maratón de una serie. Estos comportamientos no son malos en sí mismos, pero cuando nos impiden tomar decisiones mejores... tienen que ser desafiados.

Identificar estos comportamientos automáticos es como notar el modo de piloto automático en tu vida diaria. ¿Alguna vez te has encontrado picoteando snacks mientras ves la televisión sin darte cuenta? Eso es el piloto automático. ¿O has notado que tienes el teléfono en la mano sin recordar haberlo recogido? Piloto automático de nuevo. Reconocer estos momentos es el primer *empujón* hacia el cambio.

A continuación, habla sobre **desafiar estos comportamientos automáticos**. Esto no significa cambiar radicalmente tu vida de inmediato. Se trata de hacer la simple pregunta, "¿Por qué estoy haciendo esto?" cada vez que sigas un viejo hábito. ¿Estás tomando esa galleta extra por hambre o solo porque son las 4 de la tarde? Son interrupciones pequeñas como esta las que te mantienen más consciente.

Buscando **cambiar el status quo**, comienza con pequeños pasos manejables. Los saltos gigantes suenan emocionantes pero tienden a desvanecerse a menos que estés preparado para ellos. En lugar de eso, prueba lo siguiente:

- Sustituye un snack saludable al día.
- Da un paseo corto en lugar de caer instantáneamente en el sofá.
- Dedica 5 minutos a una nueva habilidad o pasatiempo.

Cada una de estas acciones en forma de viñetas inyecta una dosis menor de lo nuevo en tu día, allanando el camino para cambios más significativos más adelante. Imagina intercambios simples, pequeños, en lugar de cambios monumentales.

"Son los pequeños hábitos, cómo pasas tus mañanas, cómo te hablas a ti mismo, lo que lees, lo que ves... lo que moldea tus días. Y tus días... moldean tu vida."

Dar esos pequeños pasos sienta las bases para abordar hábitos más sustanciales más adelante. Una mejora positiva alimenta otra, creando gradualmente un impulso difícil de resistir.

Pero cada camino tiene sus baches. **Recaer en viejas costumbres** sucede, y está bien. La clave está en reconocerlo y empezar de nuevo. Si te perdiste tu paseo hoy, sacúdete y usa los pasos para moverte solo una vez mañana. La flexibilidad asegura que continúes en este camino en evolución en lugar de intentos perfectos rígidamente perfectos.

Al centrarte en acciones pequeñas, ves cambios sin sentirte abrumado. Claro, el status quo se siente firme, inquebrantable e impone una sensación de seguridad. Romper libremente puede parecer aterrador, pero el cambio incremental parece totalmente factible.

Finalmente, sigue empujando esos comportamientos automáticos, reemplazándolos con acciones que conduzcan hacia metas... ni siquiera notarás cómo los viejos hábitos se desvanecen. Antes de que te des cuenta, las nuevas rutinas generan la misma familiaridad reconfortante. Es el comienzo de un ciclo, uno ascendente que se alinea con lo que deseas en la vida. ¡Recuérdalo, dar pequeños y constantes pasos hacia adelante - ahí es donde comienza la magia!

Conquistar el Miedo y la Aversión a la Pérdida

Reconocer las barreras emocionales para el cambio es clave. El **miedo** y la **aversión a la pérdida** a menudo te sorprenden y te impiden avanzar. Es esa voz interior susurrando, "¿Y si esto no funciona?" Identificar estas emociones te ayuda a tomar el control en lugar de dejar que te controlen. Todos tenemos estos pensamientos, y admitirlos es el primer paso para superarlos.

Una forma de enfrentar el miedo es cambiar la perspectiva. En lugar de ver el miedo como algo que te paralizará, piensa en él como una señal de que estás a punto de crecer. El miedo puede ser un indicador de que lo que estás a punto de hacer es importante. Cada vez que te encuentres en una situación que da miedo, pregúntate: "¿De qué tengo miedo de perder?" Esto cambia tu mentalidad de una visión negativa a una curiosa.

Es esclarecedor considerar la exposición gradual como una técnica. Enfrentarte a la posibilidad de la pérdida de manera pequeña y manejable puede marcar una gran diferencia. Digamos que tienes miedo de hablar en público debido al temor a avergonzarte. Empieza por hablar frente a un espejo o a un grupo pequeño. Gradualmente, a medida que te sientas más cómodo, aumenta el tamaño de la audiencia. Esto te ayuda a desensibilizarte, permitiendo que la ansiedad disminuya con el tiempo.

Desarrollar una resiliencia mental implica practicar estas estrategias de manera consistente. Puede que encuentres útil llevar un diario. Anota tus miedos y reevalúalos regularmente. ¿Todavía te resultan tan aterradores como al principio? Tal vez no. Hablar con otras personas también puede hacer maravillas. Podrían ofrecer perspectivas que no habías considerado antes.

Varios conceptos importantes surgen al trabajar en conquistar el miedo y la aversión a la pérdida. Uno de ellos es darte cuenta de que tienes el poder de cambiar tu mentalidad. Piensa en ese momento en el que fuiste en contra de tu comportamiento impulsado por el miedo habitual. ¿No se sintió liberador? Acepta esa sensación y úsala como combustible para tu próximo emprendimiento.

"Lo único que debemos temer es al miedo mismo."

Alejarse de la idea de que debes evitar la incomodidad es crucial. La incomodidad a menudo precede al crecimiento. Experimentas incomodidad al intentar algo nuevo, pero eventualmente desaparece a medida que te vuelves más habilidoso. Esa es la esencia de salir de tu zona de confort.

Considerando formas prácticas de empezar poco a poco, utiliza viñetas:

- Intenta introducir cambios menores en tus rutinas.
- Practica hablar un poco más en las reuniones.
- Dedica solo 5 minutos cada día a desafiar un límite pequeño.

Estas pequeñas victorias se acumulan y crean una base de confianza para desafíos más grandes. Tu mente comienza a aprender que el miedo no es un enemigo, solo un mensaje de que estás a punto de adentrarte en algo significativo.

También haz uso de la visualización. Imagina no solo el peor escenario, sino también el mejor. Equilibra. Pregúntate: "¿Cuál es la mejor cosa que podría suceder?" Esta pregunta puede cambiar por completo tu perspectiva, dándote una visión más completa.

Por último, no dudes en recompensarte después de lograr incluso los hitos más pequeños. Esto fomenta un ciclo de refuerzo positivo, animando a tener más valentía en futuros emprendimientos. Con estos pasos, te estás entrenando gradualmente para reaccionar de manera diferente al miedo y la pérdida, convirtiendo las barreras emocionales en escalones.

Construyendo Resiliencia a Través del Pensamiento Positivo

Tener una perspectiva optimista lo cambia todo. ¿Sabes esos días en los que todo encaja perfectamente? A menudo esa es la mentalidad en acción. El optimismo puede prevenir el estrés y ayudarte a recuperarte de los contratiempos. Es casi como tener un truco para la vida. Además, ¿los beneficios para la salud? Menor riesgo de enfermedades crónicas y una vida más larga, esas son razones convincentes.

Pensar positivamente puede construir fuerza mental como nada más. Puede sonar simple, pero no siempre es fácil. Contar las bendiciones, ver los desafíos como oportunidades (incluso las molestias diarias) puede cambiar tu mentalidad. Guarda un "diario de gratitud". Anota tres cosas buenas cada día. Es algo pequeño, pero esta práctica puede cambiar tu actitud con el tiempo, haciendo que sea más fácil enfrentar las dificultades.

Ahora, aquí tienes un truco genial: afirmaciones diarias. ¿Suena un poco cursi, verdad? Pero funcionan. Las afirmaciones realmente pueden cambiar tus patrones de pensamiento. Di cosas como "Soy capaz", "Afronto los cambios con gracia", "Mis contratiempos me hacen más fuerte", o incluso "Tengo lo necesario". Con el tiempo, estas afirmaciones se almacenan como verdades en tu cerebro.

Las estrategias cognitivas también juegan un papel importante. Por ejemplo, desafiar los pensamientos negativos puede detener la espiral descendente. Cuando surge un pensamiento negativo (y siempre lo hace), contrarréstalo con hechos. Si piensas, "Nunca voy a tener éxito en esto", pregúntate, "¿Cuál es la evidencia para esto?"

Realísticamente, la mayoría de nosotros hemos logrado mucho, simplemente lo olvidamos en el momento.

¿Por qué no intentar algunas otras estrategias?

- **Visualización**: Imagínate teniendo éxito. Es como preconfigurar tu cerebro para el éxito.
- **Atención plena**: Permanece en el presente. Con demasiada frecuencia, nos estresamos por el futuro o nos quedamos atrapados en el pasado. Estar en el momento puede alejar los pensamientos negativos.

La positividad no se trata de ignorar problemas reales o pretender que todo es perfecto. Se trata de abordar las dificultades con una mentalidad orientada a superar en lugar de evitar. Piensa en un barco navegando en condiciones difíciles. Si te enfocas únicamente en la tormenta, te perderás cualquier oportunidad de dirigirte hacia un clima mejor. Esta cita lo resume bien:

"No se trata de esperar a que pase la tormenta... Se trata de aprender a bailar bajo la lluvia."

Hablemos de otra técnica ingeniosa: la autocompasión. ¿Alguna vez has notado cómo somos más amables con los amigos que con nosotros mismos? Ser amable contigo mismo cuando fallas es poderoso. En lugar de la autocrítica, ofrécete comprensión. "Está bien fallar. Todos lo hacen. Puedo aprender y seguir adelante."

Incorpora estas ideas en tu día a día:

- **Diálogo interno positivo**: Reemplaza la autocrítica con palabras de aliento.
- **Establecimiento de metas**: Establece metas reales y alcanzables. Proporcionan dirección y una sensación de logro cuando se completan.
- **Hábitos saludables**: Buen sueño, dieta equilibrada, ejercicio... todo alimenta una mentalidad positiva.

Al reconocer el impacto del pensamiento positivo e incorporar estas estrategias, la resiliencia se convierte casi en un hábito. Claro, es un proceso y no sucederá de la noche a la mañana, pero cada pequeño paso te acerca más. Y esos días difíciles? Se sentirán más como pequeños baches que como montañas insuperables.

El Poder de los Cambios de Mentalidad

Al hablar sobre avanzar en la vida, es sorprendente cuánto nuestra mentalidad puede frenarnos o impulsarnos. Es posible que hayas escuchado sobre mentalidades fijas y de crecimiento. En las **mentalidades fijas**, las personas creen que sus habilidades están prácticamente establecidas, pensando que solo pueden llegar hasta cierto punto. Suelen alejarse de los desafíos porque tienen miedo de fallar. Para ellos, no se trata de intentar mejorar, piensan que se trata simplemente de tener una cierta cantidad de habilidad y ya está.

Por otro lado, una **mentalidad de crecimiento** es como creer en expandir tus habilidades y aprender a través de desafíos. Las personas con esta mentalidad no evitan las cosas difíciles; en cambio, las ven como una oportunidad para mejorar y aprender. ¿Alguna vez has tenido esa sensación de enfrentar algo difícil directamente, y aunque hayas tropezado, acabaste mucho mejor? Eso es pensamiento de crecimiento.

Adoptar esa perspectiva de crecimiento no es algo que simplemente *ocurre*. Tienes que trabajar un poco en ello. Una técnica es empezar a tratar los fracasos como experiencias de aprendizaje. En lugar de pensar "simplemente no soy bueno en esto", intenta cambiarlo a "¿Qué puedo aprender de esto?" Poco a poco, eso cambiará tu reacción predeterminada a los desafíos. Además, establecer metas más pequeñas y manejables puede ayudar a cambiar tu forma de pensar. Los "pequeños pasos" te acostumbran a ganar y aprender con frecuencia.

Otra idea súper genial es rodearte de personas que tienen una mentalidad positiva, algo así como tener un buen equipo cuando estás en una misión personal hacia la grandeza. Al ver cómo manejan problemas, superan desafíos y se mantienen optimistas, eso te contagia a ti.

Ahora, hablemos de algo que no recibe suficiente crédito: **la autoconciencia**. Saber dónde te encuentras, tus hábitos y cómo funciona tu mente puede ser como tener un código de trucos. Con una mejor autoconciencia, puedes detenerte cuando te estás dirigiendo por un camino negativo y controlarte.

"Nuestro miedo más profundo no es que seamos inadecuados. Nuestro miedo más profundo es que somos poderosos más allá de medida."

Piénsalo por un momento. A veces, se trata de reconocer que tienes mucha fuerza dentro de ti, pero debes acceder a ella y *creer* que puedes crecer.

Ser más consciente significa prestar atención a tu diálogo interno. ¿Eres tu peor crítico? Nota eso, luego cambia la conversación en tu cabeza. No solo es "fallé", sino más bien "¿Cómo puedo hacerlo mejor la próxima vez?"

Aquí tienes algunos consejos rápidos para tener en cuenta:

- **Practica el Diálogo Interno:** Mantenlo positivo y alentador.
- **Celebra Pequeñas Victorias:** No esperes grandes triunfos.
- **Busca Retroalimentación:** También ayuda saber cómo ven otros tu progreso.

Estos esfuerzos pueden acumularse y cambiar cómo percibes los desafíos y los errores.

La autoconciencia es tu aliada aquí. Presta atención a cómo te hablas a ti mismo y cómo respondes a situaciones difíciles. Cuanto más sepas y te ajustes, más te alejarás de ese pensamiento fijo. Cambia tu mentalidad poco a poco con esfuerzo consciente y rodéate de las influencias correctas. Al convertir los fracasos en escalones, ya estás en camino hacia esa mentalidad de crecimiento.

Así que, mantén un ojo en tu diálogo interno y en el grupo con el que te rodeas. Con cada paso que des hacia una mentalidad de crecimiento, te estás preparando para logros más grandes y mejores.

Creando una Visión para el Crecimiento Personal

El crecimiento comienza con establecer metas claras y alcanzables. Imagina objetivos verdaderos y convincentes que tengan sentido para ti. Piensa en lo que quieres lograr, **simplifícalo** para asegurarte de que se sienta factible... Sin metas claras, es fácil divagar, desperdiciando energía en tareas que no llevan a ningún lugar significativo. Entonces, ¿qué es lo que realmente quieres lograr?

La visualización es un cambio de juego. Cierra los ojos, piensa en dónde te ves en el futuro. ¿Cómo es? ¿Cómo te sientes en ese momento de éxito? Puede sonar simple, pero imaginarte alcanzando tu objetivo puede fortalecer el compromiso. La visualización crea una imagen mental del éxito y lo hace sentir real, motivándote a seguir adelante incluso cuando las cosas se ponen difíciles.

Para visualizar de manera efectiva, crea una escena en tu mente. Imagina los colores, sonidos e incluso olores relacionados con tu logro. Visualízate logrando pasos en el camino, cada uno acercándote más al objetivo final. Esto construye un mapa mental, manteniendo el camino por delante claro y definido.

Ahora, hablemos sobre desarrollar un plan de crecimiento personal. Comienza estableciendo hitos. Piensa en ellos como mini metas que te acercan al objetivo principal. Tener puntos de control más pequeños y tangibles puede hacer que un objetivo masivo sea menos intimidante. Apúntalos, ya sea en un diario o una hoja de cálculo (lo que funcione mejor para ti). Ver el progreso en blanco y negro puede ser increíblemente satisfactorio.

Incluye estos puntos en tu plan:

- **Acciones Diarias:** Considera qué hábitos o tareas diarias necesitas adoptar o mejorar. La consistencia es clave.
- **Cronograma:** Establece plazos para ti mismo. Crean un sentido de urgencia.
- **Recursos Necesarios:** Prepara una lista de libros, tutoriales o incluso personas que puedan ayudarte.
- **Sistema de Recompensas:** Date recompensas cuando alcances hitos. Celebrar pequeñas victorias mantiene alto el ánimo.

Muchas personas pasan por alto el poder de la recompensa, pero celebrar pasos en el camino mantiene el entusiasmo. Después de todo, experimentar alegría en pequeñas victorias hace que todo el proceso sea menos desalentador.

"A menudo las personas logran fácilmente lo que parece realmente difícil, una vez que deciden que debe hacerse..."

Entonces, comprometerte sólidamente con tus metas no se trata solo de decidir apuntar alto; se trata de conocerte lo suficiente como para esbozar un plan que refleje tu ritmo y estilo. Puede parecer trabajo adicional, pero es esta base la que sostiene tu crecimiento continuo, un plan para tener éxito sin sentirte abrumado.

Las fluctuaciones en la motivación son normales. No todos los días traerán la alta energía necesaria para un progreso excepcional, pero tener un plan te da un **impulso** para sobrellevar los días más difíciles.

Créeme, lograr metas a largo plazo proviene en gran medida de nuestra mentalidad. Entonces, mantente abierto a ajustar tus hábitos hasta que encajen bien.

Crear una visión para el crecimiento es un proceso continuo, pero sienta las bases para cada gran logro. Los sueños proyectan la visión; los planes y acciones la hacen real. Cuanto más clara sea tu visión hoy, más robusto y alcanzable aparecerá tu logro mañana.

Entonces, ¿qué visión tienes para tu crecimiento?

Capítulo 3: Principios fundamentales de la fortaleza mental

"La fortaleza mental es reconocer que las cosas no siempre saldrán como esperas, pero tomar el control de tu respuesta para asegurarte de que lo hagan".

¿Listo para descubrir qué mantiene a los atletas en la cima de su juego o cómo algunas personas prosperan bajo presión mientras que otros flaquean? **Este capítulo te guiará a través de los principios fundamentales de la fortaleza mental** para que puedas mejorar tu propio juego mental.

Comenzaremos entendiendo qué es en realidad la fortaleza mental, no, no se trata solo de ser fuerte. **Luego, exploraremos cómo fortalecer las funciones ejecutivas** puede aumentar tu resistencia mental. Destacaremos la magia detrás de mantener un enfoque láser y por qué la concentración juega un papel vital.

¿Alguna vez te has preguntado cómo algunas personas pueden cambiar de dirección sin esfuerzo cuando los planes cambian? **Desarrollar flexibilidad cognitiva** puede hacerte adaptable en cualquier situación. Y no olvidemos la importancia de **mejorar el control de los impulsos**, dándote el poder de tomar decisiones más sabias bajo estrés.

¿Te sientes abrumado por las distracciones o pierdes la calma rápidamente? ¡No estás solo! Estos desafíos nos afectan a muchos de nosotros a diario. Pero ten en cuenta que al **leer este capítulo,** obtendrás ideas prácticas y estrategias para elevar tu fortaleza mental. ¡Es hora de tomar el control de tu mente y convertirte en la persona resiliente y centrada en la que aspiras ser!

¿Listo para transformar tu mentalidad? ¡Sumérgete y descubre los secretos de la fortaleza mental!

¿Qué es la fortaleza mental?

Bien, exploremos: la **fortaleza mental** es como tener un superpoder, pero para tu cerebro. No es magia; es hacer que tu mente sea tu aliado más fuerte para enfrentar los obstáculos de la vida. La capacidad de recuperarse, especialmente cuando las cosas se tuercen, es lo que a menudo llamamos **resiliencia**. Imagínalo—todos atraviesan un bache en el camino, pero cómo reaccionas te diferencia. En lugar de dejar que el obstáculo te derribe para siempre, la fortaleza mental te permite levantarte, sacudirte y seguir adelante. Esta resiliencia te mantiene luchando, te mantiene esperanzado y, lo más importante, te mantiene avanzando.

Compromiso es otra parte de la fortaleza mental, y se trata de mantener tus objetivos, incluso cuando están a un millón de millas de distancia. ¿Alguna vez has tomado una resolución de Año Nuevo? Es súper fácil comenzar y mucho más difícil mantenerla dos meses después. Ahí es donde entra el compromiso. Es esa promesa inquebrantable que te haces a ti mismo para seguir adelante pase lo que pase. No abandonas tus objetivos solo porque surjan distracciones u obstáculos. Te adaptas, ajustas y sigues apuntando hacia esa meta. La magia aquí es la persistencia—la fuerza que te mantiene en el camino correcto cuando rendirse parece tan tentador.

Mantener la calma bajo presión, ese es el sello distintivo de la verdadera **serenidad**. Es casi una forma de arte permanecer tranquilo cuando todo a tu alrededor es caótico. Imagina estar en una acalorada discusión o bajo una fecha límite apremiante—una persona promedio podría huir o derrumbarse. ¿Alguien con fortaleza mental? Mantienen la cabeza fría. Esto va más allá de no perder los estribos. Se trata de reacciones pensadas y controladas, de tomar buenas decisiones cuando el mundo intenta empujarte al modo pánico. Es como tener un termostato interno que mantiene tu temperatura justa, sin importar lo abrasador que se vuelva el entorno.

Verás, la fortaleza mental no se trata solo de superar desafíos; se trata de ajustar tu mentalidad para abordar los problemas con una actitud positiva. Lo que forma esta fortaleza, después de todo, es cómo entrenas y cuidas tu estado mental. No se trata solo de sobrevivir en tiempos difíciles—se trata de prosperar en ellos. Adquirir habilidades como resiliencia, compromiso y serenidad no sucede de la noche a la mañana; lleva tiempo y práctica. Y sí, habrá contratiempos, pero:

"No importa cuán bajo caigas, sino cuán alto rebotas."

Al ver las cosas de esta manera, los desafíos se vuelven menos intimidantes porque ajustas tu perspectiva para verlos como oportunidades—para crecer o reforzar tus habilidades. Este cambio de pensamiento es transformador, créeme. Cada contratiempo es un escalón en lugar de un obstáculo.

La fortaleza mental también se cruza con las tareas cotidianas, créelo o no. Desde lidiar con pequeños estreses diarios hasta enfrentar un evento que cambie la vida, aquellos que dominan la resiliencia, el compromiso y la serenidad están mejor equipados para manejar todo sin perder la cordura ni la dirección. Tienen esta determinación intuitiva, esta terquedad innata para seguir adelante hasta el final.

Entonces, cuando estés en desacuerdo con los obstáculos de la vida—cuando los objetivos parezcan inalcanzables o cuando la presión sea suficiente para hacerte ceder—recuerda estos ingredientes clave. Es tu resiliencia interna, ese compromiso inquebrantable y una cabeza fría (incluso cuando todos los demás pierden la suya) lo que te llevará adelante, no solo intacto, sino mejor por ello.

Fortalecimiento de las Funciones Ejecutivas

Fortalecer las funciones ejecutivas implica perfeccionar algunas habilidades esenciales que muchos de nosotros podemos pasar por alto. Las habilidades de **gestión del tiempo** se encuentran en la base. Conoces el escenario... tareas acumulándose sin fin a la vista. Y el reloj parece correr más rápido con cada minuto. Una **gestión eficiente del tiempo** no es mágica, es práctica. Establece bloques de tiempo específicos para diferentes actividades durante tu día y cúmplelos. ¿Alguna vez has oído hablar de la Técnica Pomodoro? Es un salvavidas: 25 minutos de trabajo enfocado seguidos de un descanso de 5 minutos. Créeme, esos pequeños descansos hacen maravillas para mantener tu mente fresca.

Las **técnicas de establecimiento de metas** vienen a continuación. Un sueño sin un plan es solo un deseo, ¿verdad? La clave es establecer metas SMART: Específicas, Medibles, Alcanzables, Relevantes y con límite de tiempo. Comienza con pasos claros y pequeños para alcanzar el panorama general. Poco a poco, encontrarás que las grandes metas son menos intimidantes. Visualizar los pequeños pasos como "terminar un capítulo de un libro hoy" hace que todo parezca factible.

Los **procesos de toma de decisiones** son parte de todo este paquete. A menudo, cuando nos enfrentamos a demasiadas opciones, nos sentimos paralizados. En lugar de dudar, concéntrate en tomar decisiones más rápidas e intencionales. Prueba este truco: elimina las decisiones impulsadas por emociones; cíñete a los hechos y evalúa tus opciones. Simplifica tus pros y contras priorizando lo que mejor satisfaga tus objetivos y tu línea de tiempo. Puede sonar demasiado simple, pero reducir las opciones puede agudizar rápidamente tus habilidades para tomar decisiones.

A veces, tener una lista puede ayudar:

- Anota tus tareas
- Ordénalas por prioridad
- Comienza con el ítem más importante
- Táchalas cuando estén hechas

¿Notas la satisfacción al tachar cosas de la lista? Esa simple acción impacta profundamente en tu impulso motivacional y tu resistencia mental.

A veces es útil recordar, "Una meta sin un plan es solo un deseo". Eso debería quedarte. Es reflexivo, fundamentado, y te recuerda tomar un enfoque accionable hacia tus planes (evitando cualquier espacio de ensoñación).

Y no dudes en delegar; manejar todo tú mismo no refleja unas funciones ejecutivas sólidas sino que limita el progreso. Deja ir un poco, confía en que el trabajo en equipo puede aligerar tu carga.

Un punto que no puedes pasar por alto es el **entorno**. Crear un entorno propicio significa menos distracciones. Pon ese teléfono en modo "No molestar" y ordena tu espacio de trabajo. Aunque no lo creas, despejar el desorden puede servir como una manifestación externa de una mente clara y enfocada.

Además, hablemos un poco sobre la **retroalimentación**. La retroalimentación no es solo crítica; cuando se hace correctamente, planifica. La retroalimentación positiva refuerza los buenos hábitos, ajusta las debilidades. Aprende a apreciar ambos tipos. Esta apertura mental eleva tu resistencia mental, un principio fundamental en las funciones ejecutivas eficientes.

Y hey, agreguemos un poco de flexibilidad. Sí, se necesitan estructura y disciplina, pero ser flexible es igualmente crucial. A veces, las cosas no saldrán como se planeó, y está bien. Modifica tus planes pero nunca los descartes. Ajusta tu línea de tiempo o metodología si es necesario.

Hablar con otros también ayuda a evaluar tu progreso. Comparte tus metas, tus logros e incluso los obstáculos en el camino. Contar con esa comunidad puede impulsarte hacia adelante, podrías obtener consejos útiles. La claridad y el compromiso seguirán de manera más natural cuando tus objetivos te sean devueltos.

El progreso no se trata de grandes gestos; son los esfuerzos consistentes y pequeños que se acumulan con el tiempo. Desarrolla tus habilidades de gestión del tiempo, de establecimiento de metas y de toma de decisiones paso a paso. Antes de darte cuenta, descubrirás que estos principios fundamentales están moldeando tu camino hacia adelante de manera más eficaz que nunca.

La Importancia de la Concentración y el Enfoque

Entonces, hablemos de la concentración y el enfoque. Es como sintonizar una radio; debes ajustar para obtener la mejor señal. En este mundo lleno de distracciones, a veces puede parecer casi imposible. Tómate un momento y realmente piensa: ¿con qué frecuencia te desvías cuando te sientas a hacer algo importante?

Eliminar las distracciones parece ser la solución obvia, ¿verdad? Puedes pensar que se trata de poner el teléfono en silencio o cerrar las pestañas de tus redes sociales. Eso es esencial, por supuesto, pero hay más en ello. Tu entorno importa: un espacio de trabajo desordenado puede ser igual de distractor que un ruido de fondo. He notado que cuando mi escritorio está desordenado, mi mente también lo está. A veces, organizar tu entorno puede despejar tus pensamientos.

Ahora, pasemos a **practicar la atención plena**... aquí es donde bajas el volumen de todo ese ruido en tu cabeza. Intenta dedicar unos minutos cada día solo para respirar y enfocarte en nada más que en el momento presente. "Una mente distraída es como una radio sintonizada entre estaciones". ¿Alguna vez has escuchado algo así antes? Practicar la atención plena te ayuda a reconocer cuando tu mente comienza a divagar, y la guía suavemente de regreso.

Aquí está la clave: la atención plena no se trata de vaciar tu mente, sino de tomar conciencia de tus pensamientos. (Nota aparte: si no lo has intentado, comienza poco a poco. Quizás cinco minutos al día. Créeme, ¡te acabará gustando!)

Y luego está el arte de **priorizar tareas de manera efectiva**. Malabarear con demasiadas cosas a la vez diluye tu enfoque. Aprender a priorizar significa averiguar qué realmente necesita tu atención y abordarlo primero. Haz una lista de tareas pendientes. Pero aquí está el truco: no trates todo en esta lista como igualmente importante. Identifica las tareas que marcarán la mayor diferencia y ponlas en la parte superior.

Consejos para Priorizar Tareas de Forma Efectiva:

- Anota todo lo que necesitas hacer.
- Identifica los elementos principales que tendrán el mayor impacto.
- Concéntrate en completar estos antes de pasar a tareas más pequeñas.
- Divide tareas grandes en partes más pequeñas y manejables.

Es interesante cómo eliminar distracciones, practicar la atención plena y priorizar tareas se entrelazan. No son separados; son prácticas interconectadas que, cuando se combinan, crean un marco sólido para perfeccionar realmente tu enfoque.

Recuerda, se trata de hacer pequeños cambios consistentes que mejoren tu capacidad de concentración poco a poco. (Puede sentirse un poco extraño o desafiante al principio, y está bien). Solo sigue adelante, y probablemente verás diferencias gradualmente. Y quién sabe, tal vez te sorprendas de cuánto más logras hacer pero con menos estrés y frustración.

Desarrollando la Flexibilidad Cognitiva

Desarrollar la flexibilidad cognitiva consiste en sentirse cómodo con el cambio y ser capaz de ver las cosas desde diferentes ángulos. Esto suena sencillo pero en realidad es bastante complejo, involucrando adaptabilidad, aceptación de puntos de vista diversos y un poco de pensamiento creativo.

El cambio es constante; adaptarse a nuevas situaciones es una habilidad fundamental. Tomemos como ejemplo mudarse a una nueva ciudad... no se trata solo de empacar tus cosas y encontrar una nueva casa. Se trata de adaptarse a un nuevo entorno, hacer nuevas amistades (que podrían ser diferentes a tu círculo social anterior) y descubrir cómo funcionan las cosas en este nuevo lugar. ¡Es toda una aventura, ¿no crees? Algunas personas encuentran el cambio fácil, mientras que a otros no tanto. El truco es mantenerse flexible, cambiar de sombrero según sea necesario. Como un camaleón adaptándose a su entorno, se trata de encontrar qué funciona donde estás.

Hablando de diferentes perspectivas, a veces nos quedamos atrapados en nuestras formas, ¿verdad? Mirar los problemas desde una sola perspectiva no siempre es útil. Examinar diferentes opiniones puede ser muy enriquecedor. Por ejemplo, trabajar con miembros del equipo que aportan experiencias variadas puede ampliar tu horizonte. En lugar de aferrarte a tus ideas, ver el problema desde el punto de vista de otra persona puede llevar a soluciones mejores, soluciones que quizás nunca habrías pensado de otra manera.

"No tienes que estar de acuerdo con todos, pero simplemente considerar sus perspectivas puede cambiar el juego."

Imagina que estás en una reunión y alguien propone una idea descabellada. En lugar de rechazarla de inmediato, puedes preguntarte: ¿qué pasa si esto funciona? Es como abrir la ventana para dejar entrar aire fresco; esa idea podría tener un potencial no visto o abrir caminos que no habías considerado.

Un aspecto crucial a menudo pasado por alto es cómo resolvemos los problemas. Mantenerse fiel a métodos probados y verdaderos es genial hasta que deja de serlo. Ahí es donde entra la creatividad. ¿Alguna vez te has enfrentado a una situación en la que los métodos tradicionales simplemente no *daban la talla*? ¡Pensar de manera innovadora no siempre es fácil, pero puede marcar la diferencia! Haz una lluvia de ideas, permite ideas extrañas y luego observa qué destaca. Así es como surgen las innovaciones. Toma esas sesiones de lluvia de ideas; al principio, nada es demasiado absurdo. Anota todo: probablemente encuentres una joya entre el caos.

Aquí tienes algunos consejos:

- Experimenta con los ¿y si...?: Haz preguntas diferentes y a veces extravagantes para empujar los límites.
- Diversifica tu aprendizaje: Explora temas más allá de tu zona de confort.
- No temas cometer errores: Considera que son oportunidades de aprendizaje en lugar de fracasos.

Aprender a adaptarse, aceptar puntos de vista diferentes al tuyo y resolver problemas de manera creativa no es algo que se logre de una vez, pero con práctica se vuelve algo natural. Así que, cuando te enfrentes a una situación nueva, no retrocedas. Mírala, inclina la cabeza y permítete verla desde otro punto de vista. ¡Podrías sorprenderte con lo que se te ocurre!

Mejorando el Control de los Impulsos

En medio del caos diario, encontrar formas de manejar nuestros impulsos puede parecer como un superpoder. Pero es más simple de lo que piensas. Hablemos sobre algunas técnicas y estrategias.

Las **técnicas de gratificación retrasada** son increíblemente valiosas. Piensa en ellas como pequeños ejercicios para tu fuerza de voluntad. ¿Todos han escuchado sobre las pruebas del malvavisco en los niños, verdad? Esperar puede ser difícil (créeme, fui ese niño que fallaba, eligiendo la galleta inmediatamente), pero practicarlo frecuentemente de maneras pequeñas y realistas construye un mayor control de los impulsos con el tiempo.

- Establece metas pequeñas y alcanzables para ti en actividades diarias—espera un poco más antes de tomar ese refrigerio o revisar tu teléfono.
- Recompénsate por logros de los que estés genuinamente orgulloso después de esperar a propósito. Inculca paciencia y determinación.

Manejar el estrés de manera efectiva es otra pieza importante del rompecabezas—no es ningún secreto que el estrés puede arruinar tu autodisciplina. Abordar las **estrategias de manejo del estrés** es importante para el control de los impulsos.

- Practicar la atención plena o ejercicios simples de respiración puede aliviar el estrés inmediato. Es como presionar un botón de reinicio en tu cerebro.
- La actividad física regular ayuda a liberar la tensión acumulada y mejora tu estado de ánimo. Incluso un breve paseo puede hacer maravillas.
- ¿A quién no le gusta la música? A menudo, escuchar tu canción favorita puede ser el alivio del estrés necesario en el momento para evitar ceder a los impulsos.

Las **prácticas de regulación emocional** también son una parte integral. Nuestro estado emocional a menudo puede dictar nuestro comportamiento—identificar emociones y saber cuándo presionar 'pausa' tiene un gran impacto.

Los humanos, en general, no son buenos con la regulación emocional; sin embargo, puedes mejorar en ello. Aquí hay algunas formas simples:

- Llevar un diario—escribir tus sentimientos diariamente puede ayudar a identificar patrones y desencadenantes (por ejemplo, podrías notar que anhelas comida chatarra terriblemente cuando estás aburrido en lugar de hambriento).
- Practicar etiquetar tus emociones. Si estás enojado, reconócelo. Declaraciones simples como "Estoy sintiendo frustración en este momento" realmente pueden ayudar a disminuir la intensidad. ¡Hace una diferencia sorprendente…
- Comparte tus sentimientos, de manera casual incluso. Puede ser durante un café con un amigo cercano o simplemente hablando contigo mismo. Verbalizar ayuda a desmitificar las emociones y, ¿no es agradable una vez que esos sentimientos están al descubierto?

A menudo, verdaderamente se trata de paciencia. No siempre es una línea recta, pero es fascinante si te mantienes en ello.

"La mejor manera de ganar autocontrol no es por la fuerza, sino con comprensión y paciencia...pequeños pasos cada día generan grandes cambios con el tiempo."

Los logros—grandes o pequeños—comienzan con el dominio sobre los impulsos, factores estresantes y emociones. Piénsalo como un ejercicio mental diario; las acciones pequeñas hoy construyen el impulso para cambios más significativos mañana.

Equilibrar estos tres aspectos puede parecer como hacer malabares, pero rápidamente le agarras el truco. En definitiva, todo se reduce a esto: para dar un paso hacia el control de los impulsos, comienza pequeño, mantén la conciencia y sigue adelante sin ser demasiado duro contigo mismo.

Participar en las **técnicas de control de los impulsos** ciertamente hace la vida más manejable, más placentera y mucho más satisfactoria. Es como entrenar un músculo—concéntrate en aspectos significativos, sigue practicando y ¡observa la transformación desplegarse naturalmente!

Parte 2: Preparándose para el Éxito

Capítulo 4: Estableciendo Metas con Intención

"El éxito es la suma de pequeños esfuerzos, repetidos día tras día."

Establecer metas a menudo puede sentirse abrumador, pero este capítulo te mostrará cómo simplificar ese proceso con intención. **Establecer metas intencionalmente** no se trata solo de soñar en grande; también se trata de crear un camino práctico y claro hacia la realización de esos sueños. La mayoría de las veces, las personas se sienten atrapadas, inseguras sobre qué pasos tomar a continuación.

Adentrémonos en algunos métodos poderosos que puedes utilizar para dirigir tu energía hacia el establecimiento de metas precisas y efectivas. Hablaremos sobre la creación de **metas SMART**, que son Específicas, Medibles, Alcanzables, Relevantes y con un tiempo determinado. Sí, es posible despejar la neblina en torno a lo que deseas lograr con unos pocos pasos sencillos. Visualizar tus metas para obtener claridad y explorar el método **WOOP** (Deseo, Resultado, Obstáculo, Plan) son otras técnicas que exploraremos para agudizar tu enfoque.

¿Alguna vez has escuchado sobre el **modelo GROW**? Es otra forma fantástica de guiarte a través de tus objetivos. Mientras lo haces, también discutiremos cómo las afirmaciones y el refuerzo positivo pueden mantenerte motivado.

Al final de este capítulo, tendrás un conjunto de estrategias para establecer metas sólidas e intencionales. ¿Listo para comenzar? ¡Transforma la forma en que te acercas a tus aspiraciones!

Creación de Metas SMART para el Éxito

Alcanzar nuestros sueños requiere más que pensamientos ilusorios; exige pasos de acción claros. Ahí es donde entran en juego las **metas SMART**—son la piedra angular del éxito, al igual que tener un mapa detallado al emprender un viaje. Entonces, adentrémonos en sus cinco componentes para ver cómo pueden transformar las aspiraciones en logros.

Las metas específicas son claras y precisas. Piensa en la diferencia entre decir "Quiero estar más saludable" y "Quiero hacer ejercicio durante 30 minutos, cinco días a la semana." La última te da un objetivo definitivo y ayuda a eliminar cualquier ambigüedad. Señala exactamente lo que deseas y lo que necesitas hacer para llegar allí. Por lo tanto, al establecer metas, enfocarse en detalles como "correr un 5k en 2 meses" será de gran ayuda.

A continuación, las metas deben ser **Medibles**. Es realmente importante seguir tu progreso con unidades cuantificables. Imagina querer "ahorrar más dinero". Esta meta se vuelve más práctica—y menos abrumadora—cuando se reformula como, "Ahorrar $200 cada mes." Medir te proporciona una forma de seguir el progreso y celebrar hitos en el camino. Cada mini-éxito alimenta la motivación para seguir adelante.

Pasando a lo **Alcanzable**, que mantiene las cosas en la realidad. Establecer objetivos realistas y modestos asegura que no nos pongamos en situaciones de fracaso. Alcanzable significa establecer metas que sean realmente alcanzables dadas tu situación de vida actual. ¿Quieres escalar el Everest pero ni siquiera has practicado senderismo? Tal vez comienza con algunas cumbres locales primero. Es genial soñar en grande, pero si los pasos son poco realistas, la entusiasmo puede disminuir.

Para que las metas tengan un valor real, deben ser **Relevantes**. Esto significa que tus ambiciones deben estar alineadas con tus valores más amplios y objetivos a largo plazo. ¿Por qué aspirar a una promoción si anhelas más tiempo en familia? La motivación se debilita si la meta no resuena con valores más profundos. Elegir objetivos relevantes pone sinceridad y emoción en tus esfuerzos, haciendo que cada paso sea más gratificante.

Nada sucede sin un plazo límite. Por eso, las metas deben ser **Limitadas en el Tiempo**—con una línea de meta que no se pueda ignorar. Un plazo sin determinar conduce a la procrastinación. Digamos que quieres escribir un libro. Eso es demasiado vago. Conviértelo en, "Completar el borrador para el 31 de diciembre." Es sorprendente cómo un plazo sólido puede impulsar la acción.

La creación de estas metas SMART sigue pasos simples.

- **Define tu Objetivo**

  Descubre exactamente lo que quieres lograr. No hay lugar para lenguaje ambiguo aquí—sé claro.

- **Determina Hitos**

  Esboza pequeños puntos de control que conduzcan a tu objetivo final. Una serie de hitos es más fácil de abordar que un objetivo enorme.

- **Verificación de Realismo**

  Pregúntate a ti mismo: ¿Es factible dadas mis recursos y tiempo? Si la respuesta es sí, verifica nuevamente por exceso de presión o niveles de dificultad.

- **Confirmación de Valor**

Piensa—¿es algo cercano a mi corazón? ¿Se alinea con mis valores personales?

- **Establece un Plazo**

   Crea un sentido real de urgencia estableciendo un plazo explícito. Las fechas reales hacen que las metas sean más concretas y accionables.

"Todo progreso tiene lugar fuera de tu zona de confort." Permitirnos quedarnos en lo familiar no nos impulsa hacia el crecimiento y logro de estas metas bien elaboradas.

En última instancia, para que tus metas **SMART** resuenen firmemente:

- Sé específico: Detalla cómo se ve para ti el logro del objetivo.
- Usa números: Dinero ahorrado, minutos de ejercicio— cuantifica el progreso.
- Mantente realista: Equilibra la ambición con la viabilidad.
- Verifica la alineación: Asegúrate de que encaje con los objetivos personales.
- Define plazos: Fechas de finalización reales aseguran enfoque y acción oportuna.

Adoptar estos principios ayuda a trazar un camino hacia metas con claridad consciente, preparándote para menos luchas y más victorias consistentes.

Técnicas de Visualización para la Claridad

Cuando se trata de establecer metas con intención, la visualización es una herramienta poderosa. Utilizamos imágenes mentales para imaginarnos alcanzando metas—visualizando los pasos que tomamos y celebrando el éxito al final. No es solo soñar despierto; es usar la mente para dar forma a nuestra realidad.

Paso 1: Imagina Alcanzando Tu Meta

Comienza con una imagen clara de lo que deseas lograr. Agrega tantos detalles como sea posible. Piensa: ¿Cómo se ve cuando alcanzas tu meta? Tal vez te ves cruzando la línea de meta de un maratón, una gran sonrisa en tu rostro... sudor cayendo, tu ropa de correr favorita puesta, la cinta de la línea de meta rompiéndose contra tu pecho. Las imágenes ayudan a guiar al cerebro hacia la creencia.

Paso 2: Involucra Todos Tus Sentidos

No te detengas solo en lo visual. Incorpora tus otros sentidos para que la experiencia se sienta real. ¿Qué sonidos hay a tu alrededor mientras cruzas esa línea de meta del maratón? Tal vez sean los aplausos de la multitud o el ritmo de los pies golpeando el pavimento. ¿Cómo se siente tu cuerpo? Cansado pero exaltado, músculos adoloridos pero llenos de fuerza. ¿Qué puedes oler? Tal vez el olor a hierba fresca o el sabor salado de tu sudor. Cuantos más sentidos involucres, más clara se vuelve tu visión.

Paso 3: Establece una Conexión Emocional

Un punto importante—no solo veas o sientas la experiencia, sino siéntela. Imagina la oleada de orgullo cuando recibes esa medalla. O la emoción burbujeante al ver la línea de meta acercarse. Esta conexión emocional potencia tu visualización, haciéndola más motivadora. De hecho:

Los sentimientos de éxito refuerzan hábitos positivos, haciendo más fácil mantenerse en tu plan.

Es como darte una vista previa de la recompensa, y créeme, nada motiva como un sabor de la victoria.

Poniéndolo Todo Junto

Aquí tienes un ejemplo detallado que puedes adaptar a tu situación. Supongamos que has establecido como meta dar un discurso exitoso en un próximo evento.

- **Visualiza:** Imagínate en el escenario. Ve a la audiencia frente a ti.
- **Involucra los Sentidos:** Escucha los aplausos cuando te presenten. Siente el calor de las luces del escenario. Siente la textura fresca y suave del podio mientras descansas tus manos en él. Prueba la menta que te pusiste justo antes de subir. Los olores en la habitación.
- **Conexión Emocional:** Siente el impulso de confianza mientras las personas asienten en acuerdo con tus puntos. Percibe tu satisfacción al clavar todos tus puntos clave. Siente la gratitud al terminar y ver las miradas de agradecimiento en sus rostros.

Otra forma de hacer que la visualización sea aún más impactante: escribe tu visión. Guárdala en algún lugar donde la veas diariamente. **Ver tus palabras puede ayudar a solidificar la visión en tu mente.**

Para practicar la visualización de manera consistente:

- Dedica unos minutos todos los días a imaginar tus metas.
- Utiliza momentos de silencio—como justo antes de dormir.
- Mantén estas visiones positivas y edificantes.

Cada vez que visualices, estás grabando la meta más profundamente en tu mente, fortaleciendo tu disciplina y acercándote más a hacerla realidad.

La visualización es más poderosa cuando se hace regularmente. Comienza esta noche... podrías sorprenderte de lo que esta pequeña práctica puede hacer por ti.

Método WOOP: Deseo, Resultado, Obstáculo, Plan

El Método WOOP destaca cuando se trata de establecer metas con intención. Se trata de **desglosar** aspiraciones en pasos concretos, y es ingenioso. Podemos centrarnos en una parte a la vez, haciendo que los sueños ambiciosos sean manejables.

Paso 1: Define tu Aspiración

En el núcleo de todo lo que deseas lograr, hay un sueño, un **deseo**. Aquí es donde te permites pensar a lo grande, ya sea que quieras escribir un libro, perder peso o comenzar un nuevo pasatiempo. ¡Nómbralo! Tal vez estés inclinado hacia publicar una novela, correr un maratón, cualquier cosa. Sé claro y específico, porque la vaguedad solo confunde tu camino hacia adelante.

Paso 2: Visualiza un Resultado Exitoso

Luego, una vez que tu deseo está definido, **visualiza** el resultado exitoso. Imagínalo con tanto detalle que casi puedas tocar, ver y sentir el logro. No solo "Quiero correr un maratón", sino "Me imagino cruzando la línea de meta, mis amigos animando, el agotamiento convirtiéndose en pura alegría". ¡Las aspiraciones liberadas te mantienen motivado! Para mantener tu imaginación anclada:

- Piensa en las vistas y sonidos en ese momento.
- Imagina las caras de las personas que te enorgullecerás.
- Considera cómo celebrarás.

"La piedra angular de la inspiración es visualizar el éxito de una manera en la que cada sentido lo experimenta".

Paso 3: Identifica Barreras

El siguiente paso, un poco más complicado pero crucial, es identificar **obstáculos**. Sí, es vital reconocer qué podría interponerse en tu camino. ¿Tienes un trabajo diario que ocupa la mayor parte de tu tiempo? ¿Tienes tendencia a procrastinar cuando te enfrentas a tareas difíciles? Estos obstáculos internos y externos, una vez reconocidos, se convierten en obstáculos para los que puedes planificar.

Por lo general, la gente duda en este punto. ¿Quién quiere pensar en el fracaso? Sin embargo, este paso es significativo porque convierte la posible disuasión en planificación proactiva. Al planificar tu próxima novela, ten en cuenta que el "bloqueo del escritor" no es solo un mito espeluznante... ¡sucede! Identifica cosas que probablemente te desviarán del camino.

Paso 4: Desarrolla Estrategias para Superar

Ahora, desarrollemos un **plan**. Este paso juega un papel fundamental, es donde conviertes problemas teóricos en pasos prácticos. ¿Enfrentando bloqueo del escritor? Planifica ejercicios de escritura para comenzar cada sesión. ¿El lunes ralentiza tu sueño de maratón? Alinea carreras cortas y atractivas con los lunes. Las estrategias pueden ser cualquier cosa, desde programar acciones específicas hasta recompensarte por mini logros.

Por ejemplo, si mi sueño es una novela y un gran obstáculo es "gestión del tiempo", mi lista de acciones podría ser:

- Reservar un tiempo diario para escribir.
- Usar un temporizador para mantener el enfoque (la brevedad fomenta la consistencia).
- Preparar esquemas para reducir la incertidumbre al escribir.

De manera similar, alguien que apunte a metas de fitness podría:

- Establecer objetivos incrementales: una carrera corta hoy, una más larga la próxima semana.
- Unirse a carreras comunitarias para un impulso social.

El **mensaje clave**: no trates los obstáculos como retrocesos. Cada plan trazado es un paso empoderado que cristaliza tu sueño en realidad.

Y aquí está la magia: como mezclar una salsa especial, los planes no necesitan ser idénticos para cada problema. Personalízalos, ajústalos y réscribelos hasta que se integren bien con tu estilo de vida y peculiaridades. Desde notas adhesivas en tu espacio de trabajo hasta recordatorios digitales, lo que sea que alinee la legalidad con la funcionalidad y creatividad.

Esencialmente, WOOP se trata de convertir una aspiración existente en un modelo cuidadosamente esculpido de ciclo sueño-realidad-acción. Fija metas. Planea puntos de fricción. Modifica planes sensatos. Impúlsate con propósito. Y tal vez, lo más fundamentalmente: **lograr paso a paso de manera lógica**.

Usando el Modelo GROW para Alcanzar Metas

Establecer metas puede ser lo suficientemente fácil, pero ¿lograrlas? Ahí es donde se complica la cosa. Aquí es donde entra en juego el **modelo GROW**, ayudándonos a definir lo que queremos y cómo exactamente vamos a llegar allí. Aquí está la clave—cuando tenemos claro lo que queremos, se vuelve más fácil perseguirlo.

Paso 1: Meta

Entonces, comencemos con la parte más obvia: definir la meta. Pregúntate a ti mismo, "¿Qué exactamente quiero lograr?" Esto tiene que ser claro y específico. Si buscas estar más saludable, en lugar de decir, "Quiero estar en forma," apunta a "Quiero correr un 5K en menos de 30 minutos para el final de tres meses." Hacerlo medible te da una forma de rastrear tu éxito. Es como, en lugar de una idea vaga, tienes este objetivo claro frente a ti. Eso es motivador y, seamos sinceros, mucho más divertido.

Paso 2: Realidad

El siguiente paso se trata de honestidad—evaluar dónde te encuentras en este momento. Tómate un momento para considerar, "¿Dónde estoy actualmente en relación a mi meta?" Es una realidad. Digamos que tu objetivo es correr ese 5K; tienes que mirar tu nivel de forma física actual. Tal vez apenas puedas trotar durante un minuto sin jadear por aire. Está bien, es bueno saber desde dónde estás empezando. Cuando eres consciente de tu situación, te da una imagen realista de la brecha que necesitas cerrar. Sé sincero contigo mismo—este es el momento de la pura, imparcial verdad.

Paso 3: Opciones

Aquí es donde las cosas se ponen interesantes. Ahora, "¿Qué puedo hacer para pasar de punto A (realidad actual) a punto B (la meta)?" Comienza a pensar en opciones. En nuestro ejemplo del 5K, ¿qué podrías hacer? Tal vez unirte a un grupo de corredores, descargar una aplicación de running, o comenzar una rutina de caminata e incrementar gradualmente tu ritmo. A veces las ideas más simples funcionan mejor, como conseguir un par confiable de zapatillas para correr. Lanza todas tus ideas ahí; podrías tener más caminos de los que piensas.

Paso 4: Voluntad

Finalmente, se trata de comprometerte con tu plan—decidiendo acciones específicas. Esto no es solo pensar, "Voy a correr," se trata de establecer pasos reales. Entonces apunta: "Voy a entrenar tres días a la semana." No, "Podría correr cuando pueda." Otro aspecto a agregar es la responsabilidad. Tal vez cuenta a un amigo sobre tu plan del 5K o utiliza, eh, aplicaciones para seguir tu progreso y llevar registros. Esto convierte una intención casual en un compromiso firme, haciéndolo más difícil de retractarse.

"Las metas que no están escritas son solo deseos." Escribir las cosas—o decirlas en voz alta—les da peso, substancia. Transforma un pensamiento en un plan accionable. Lo ves, te lo recuerdas, y lentamente pero seguramente, comienzas a trabajar hacia ello.

Y ahí lo tienes. La meta está establecida, la realidad es evaluada, las opciones exploradas, y estás comprometido. La belleza del **modelo GROW** radica en su simplicidad y su poder para convertir la autoconciencia imparcial (que podría picar un poco) en progreso real, un paso alcanzable a la vez. Entonces, toma esa idea vaga en la parte trasera de tu mente—púlela, prepárala, y corre con ella... ¡literalmente si ese es el caso!

Afirmaciones y Refuerzo Positivo

¿Alguna vez te has mirado en el espejo y pensado, "¡Puedo con esto"? Esa es una afirmación diaria en acción, aumentando la autoconfianza poco a poco. Comenzar tu día con afirmaciones realmente puede marcar la pauta. Piénsalo como darte un ¡choca esos cinco mental antes siquiera de salir por la puerta!

Por ejemplo, decir "Soy capaz de alcanzar mis metas" al inicio de tu día puede influir significativamente en tu mentalidad. Reemplaza la duda con certeza. Las afirmaciones crean una narrativa donde tú eres el héroe, armado y listo para los desafíos que el día tiene para ofrecer.

Otra herramienta poderosa es el hablar positivamente contigo mismo. No se trata solo de hablarte a ti mismo; ¡se trata de elogiarte! El hablar positivamente contigo mismo fomenta la resiliencia, por lo que cuando las cosas no salen como esperabas (porque, admitámoslo, eso sucede), estás mejor preparado para recuperarte.

Imagina, estás trabajando en un proyecto y cometes un error. En lugar de decir "Soy un idiota," prueba "Es parte del aprendizaje; lo haré mejor la próxima vez." Este cambio de tono—reconociendo errores sin dejar que definan tus habilidades—fomenta la resistencia mental, la piedra angular de la resiliencia.

Al hablar del progreso, es importante recompensar los hitos. Claro, las metas grandes son importantes, pero celebrar pequeñas victorias te mantiene motivado en el camino. Estas recompensas no necesitan ser grandiosas. ¡Un trozo de chocolate (¡te lo has ganado!), un descanso de baile de diez minutos, o simplemente reconocer tu progreso puede hacer maravillas!

Aquí tienes una guía rápida para integrar estas técnicas:

- **Establece tu Afirmación Diaria**

  Elige algo específico y positivo. Tal vez "Estoy enfocado y persistente hoy" o "Afronto los desafíos con gracia." Repítelo a diario. Consejo adicional: escríbelo y pégalo en tu espejo como recordatorio diario.

- **Participa en el Diálogo Interno Positivo**

  Cuando un pensamiento negativo se cuele, contrarréstalo de inmediato:

  - "Esto es muy difícil" se convierte en "Encontraré la forma de superar esto."
  - "No puedo hacer esto" se transforma en "Abordaré esto paso a paso."
- **Recompensa los Hitos**

  Identifica los logros pequeños en el camino hacia tu gran meta. ¿Terminaste una tarea difícil hoy? Date un gusto. Celebrar estos momentos hace que el viaje sea más gratificante y te mantiene motivado.

Grande o pequeño, afirmarte a ti mismo y celebrar los avances es crucial. Citando una noción perspicaz:

"El éxito es la suma de pequeños esfuerzos, repetidos día tras día."

No se trata solo del destino; se trata de disfrutar las paradas en el camino.

En otras palabras, al establecer tus metas con intención—complementándolas con afirmaciones diarias, participando en el diálogo interno positivo y celebrando los hitos menores—creas un entorno donde el éxito se siente natural y sencillo. Rara vez tienes que forzarlo porque estás reconociendo cada esfuerzo realizado, afirmando diariamente y reconociendo tu resistencia.

Cada día no es perfecto, y los contratiempos son parte de cualquier emprendimiento. Pero con estas herramientas, tratas cada pequeña victoria como una nota de progreso, mejorando lentamente tu autoconfianza y resistencia mental.

Pruébalo—afírmate, habla amablemente contigo mismo y celebra hasta las victorias más pequeñas. Solo observa cómo te vuelves disciplinado y entusiasta de manera positiva.

¡Vamos a la Práctica!

Bien, ¡estás listo para poner las cosas en movimiento con un poco de acción real, eh? Vamos a establecer esos objetivos con intención y traer un poco de estructura y diversión al proceso. Este ejercicio une todos los principios del Capítulo 4, así que agarra un bolígrafo, papel, ¡y vamos!

Paso 1: Diseña un Objetivo SMART

Empieza redactando un objetivo **Específico, Medible, Alcanzable, Relevante y con límite de tiempo (SMART)**. Piensa en algo que realmente quieras lograr. Podría ser cualquier cosa, desde mejorar tu condición física hasta dominar una nueva habilidad. Por ejemplo, en lugar de decir, "Quiero estar en forma", di, "Correré tres veces por semana durante 30 minutos y perderé 10 libras en tres meses".

- Específico: Correr
- Medible: Tres veces por semana durante 30 minutos y 10 libras
- Alcanzable: Evalúa si tu objetivo se ajusta a tus capacidades.
- Relevante: Alineado con metas de vida más amplias, como la salud.
- Con límite de tiempo: Tres meses.

¡Escribe esto, ¡no lo mantengas solo en tu cabeza!

Paso 2: Técnicas de Visualización para Claridad

Cierra los ojos, o mantenlos abiertos si así lo prefieres, y crea una imagen mental de lograr este objetivo. Imagínate corriendo, sudando y completando esa carrera de 30 minutos con facilidad.

¿Qué llevarás puesto? ¿Cómo te sentirás? Esta preparación mental puede ser poderosa.

Prueba frases como, "Puedo verme completando cada sesión de carrera, sintiéndome más energizado y en forma cada día".

Paso 3: ¡WOOPémoslo!

El método WOOP (Deseo, Resultado, Obstáculo, Plan) es una forma fantástica de analizar las cosas. Así es como funciona:

- **Deseo**: Reafirma tu deseo. Es tu objetivo ponerte en forma corriendo.
- **Resultado**: Visualiza el resultado de nuevo, prestando atención a los beneficios. Piensa en la energía y la confianza que ganarás.
- **Obstáculo**: Se realista e identifica posibles obstáculos. Quizás es probable que algunos días te sientas demasiado cansado o el clima no coopere.
- **Plan**: Desarrolla un plan para superar estos obstáculos. Para el mal tiempo, quizás cambias a un entrenamiento en interiores. Para el cansancio, enfócate en patrones de sueño más saludables.

Ejemplo:

- Deseo: Correr tres veces por semana.
- Resultado: Sentirse más saludable y fuerte.
- Obstáculo: Cansancio o mal tiempo.
- Plan: Entrenar en interiores o ajustar la rutina de sueño.

Paso 4: Aplicando el Modelo GROW

Aquí, utilizaremos el modelo GROW (Meta, Realidad, Opciones, Camino a seguir) para cristalizar tu enfoque.

- **Meta**: Establece tu objetivo SMART. 'Perder 10 libras corriendo tres veces por semana durante 30 minutos en tres meses'.
- **Realidad**: ¿Dónde estás actualmente? ¿Quizás tu rutina de ejercicio actual es irregular?
- **Opciones**: Genera opciones para alcanzar tu objetivo. ¿Podrías unirte a un grupo de corredores o usar una aplicación de fitness para motivarte?
- **Camino a seguir**: Aquí es donde la goma encuentra el camino. ¿Qué acciones específicas tomarás esta semana para progresar?

Ejemplo Práctico:

- Meta: Correr, perder peso.
- Realidad: Hábitos de ejercicio irregulares.
- Opciones: Unirse a un grupo de corredores, establecer recordatorios.
- Camino a seguir: Unirse a un grupo de corredores para el próximo lunes, programar carreras en tu calendario.

Paso 5: Refuerzo Positivo con Afirmaciones

Crea afirmaciones para mantener el ánimo alto. El refuerzo positivo construirá ese impulso tan necesario. Escribe algunas afirmaciones y léelas a diario.

Algunos ejemplos son:

- "Soy fuerte y capaz de lograr mis metas de fitness."
- "Cada paso que doy me acerca a mi yo más saludable."
- "Estoy comprometido con mi rutina de correr y se refleja en mi progreso."

Escríbelas, pégalas en tu pared o espejo, en cualquier lugar donde las veas regularmente.

Conclusión

Al final de cada semana, reflexiona sobre tu progreso. ¡Anota qué funcionó, qué no, y cualquier ajuste necesario. ¡Celebra pequeñas victorias!

Ponlo Todo Junto

Oye, este ejercicio no es una cosa de una sola vez. Intégralo en tu rutina. Reevalúa tus objetivos, visualiza tu éxito, aleja los obstáculos potenciales con WOOP, aplica el modelo GROW para acciones concretas, y anclate con afirmaciones.

La consistencia y la positividad son las claves. ¡Tienes todas las herramientas en el Capítulo 4; ahora es tu momento de brillar!

Capítulo 5: Construyendo Hábitos Efectivos

"Somos lo que hacemos repetidamente."

Construir hábitos es una parte esencial para lograr el éxito a largo plazo y crear una vida satisfactoria. Pero, **formar buenos hábitos no siempre es fácil**—muchos de nosotros luchamos con rutinas ineficaces que agotan nuestra energía y motivación. ¿Te resulta familiar? Este capítulo se centra en proporcionar estrategias prácticas para asegurar que nuestros hábitos apoyen nuestro bienestar general.

¿Alguna vez te has preguntado cómo algunas personas logran hacer ejercicio, comer bien y aún así terminar el día con fuerza de manera consistente? Tienen un sólido entendimiento de la construcción de hábitos efectivos—algo que descubriremos juntos en este capítulo. Analizaremos conceptos como apilar hábitos para obtener resultados duraderos y crear rutinas matutinas y vespertinas que pueden cambiar tu día. Imagina despertarte lleno de energía y acostarte satisfecho, sabiendo que has aprovechado al máximo tu tiempo.

También discutiremos la incorporación del ejercicio y la meditación en las rutinas diarias—aspectos clave que potencian tanto la mente como el cuerpo. **La nutrición saludable** y su impacto en el rendimiento serán resaltados, mostrando cómo simples elecciones alimenticias pueden llevar a cambios significativos. Por último, la importancia del sueño de calidad en la construcción de la fuerza de voluntad completará nuestra exploración.

¿Listo para transformar tus hábitos diarios y potenciar tu vida? Comencemos.

Apilar hábitos para el éxito a largo plazo

Una de las formas más efectivas de construir hábitos duraderos es a través de la acumulación de hábitos, que implica combinar tareas pequeñas en rutinas. En lugar de pensar en comprometerse con una tarea grande, imagina construir una cadena de acciones pequeñas. De esta manera, cada hábito pequeño es apoyado por el siguiente, formando eventualmente una rutina fuerte y fluida.

Comenzar con acciones simples es un método sencillo. La táctica aquí es elegir algo tan fácil que sea imposible no hacerlo. Si tu objetivo es mejorar la higiene oral, comienza colocando tu cepillo de dientes al lado de tu despertador. Cuando suene la alarma por la mañana, te recordará que te cepilles los dientes de inmediato. Luego, pasa al siguiente hábito pequeño: hacer la cama inmediatamente después de cepillarte.

Construyendo sobre estos hábitos simples, comienza a añadir más acciones a medida que estas se vuelvan parte de tu naturaleza. Toma el ejercicio, por ejemplo. Comienza con solo cinco minutos de estiramiento cada mañana. Cuando esto se convierta en algo automático, agrega un trote de diez minutos o algunos ejercicios ligeros con el peso del cuerpo. Apílalos uno sobre otro hasta crear una rutina matutina sólida; no se siente abrumadora y, lo más importante, se hace.

Paso a paso, hablemos de la acumulación de hábitos con algunos ejemplos prácticos.

Paso 1: Identificar Hábitos Actuales

- Toma nota de los pequeños hábitos diarios que ya haces sin pensar: tomar café, mirar tu teléfono, o incluso algo tan automático como cerrar la puerta detrás de ti.

Paso 2: Elegir Nuevos Hábitos Sencillos

- Los nuevos hábitos deben ser acciones que tomen un minuto o dos como máximo. Ejemplos podrían incluir caminatas cortas diarias, beber un vaso de agua al despertar, o hacer una lista de tareas bastante pequeña.

Paso 3: Asociar Nuevos Hábitos con los Existentes

- Conecta un nuevo hábito con uno establecido. Por ejemplo, mientras se prepara tu café por la mañana, podrías meditar durante un minuto. O antes de usar tu teléfono, lee una página de un libro.

Ejemplos de la vida real ayudan a ver cómo funciona esto. Al acumular hábitos, considera a alguien que busca aumentar su productividad. Si ya tiene el hábito de revisar correos electrónicos justo después del desayuno, puede agregar una rutina rápida de estiramiento de dos minutos justo antes de sentarse en su escritorio. Con el tiempo, puede añadir cinco minutos de establecimiento de metas para el día antes de comenzar con los correos electrónicos. A largo plazo, estas pequeñas acciones construyen una rutina matutina eficiente con poco esfuerzo.

Hagámoslo personal. Soy alguien que solía temer beber agua. Disfrutaba del café, evitando todo lo que se pareciera remotamente al simple H2O. Así que comencé tomando un paso simple. Antes de preparar mi café por la mañana, llenaba una botella de agua. Sin un tiempo especial, solo una estructura "haz esto primero" directa. ¿Adivina qué? Con el tiempo... beber esa botella antes de disfrutar de mi café se convirtió en algo automático. ¡Ingesta de agua: resuelta!

La magia aquí radica en la simplicidad y la acumulación gradual. Intentar añadir una nueva conducta de forma forzada podría llevar a la frustración. Al apilar lo que pretendes hacer sobre comportamientos ya arraigados, el proceso se vuelve prácticamente fluido, casi automático.

Ciertamente, es crucial hacer que todo funcione para ti. Algunos prefieren el recordatorio escrito colocando notas adhesivas en lugares visibles, incitando a la nueva acción hasta que se arraigue. Otros llevan un seguimiento del progreso, quizás no con horarios restrictivos, sino a través de una lista de verificación más relajada.

"El éxito es la suma de pequeños esfuerzos, repetidos día tras día."

Cuando los pequeños hábitos se van acumulando con el tiempo, van abriendo nuevos caminos en tu día (y en tu mente, hasta cierto punto). Se trata de encontrar ese patrón: apilarlos de manera que se apoyen, en lugar de abrumar. ¡Simplejidad, ¿verdad? Complementar hábitos nuevos y más complejos con nodos existentes en tu día cultivará, gradualmente, el éxito.

En el gran esquema de esta práctica, los hábitos se enlazan como una cadena. No te abruman los cambios grandes. En su lugar, estás tomando el control gradualmente, pieza por pieza, sin lucha.

Entonces, comienza identificando tus rutinas pequeñas. Apila esas nuevas acciones de formas que se sientan naturales... y en poco tiempo, descubrirás que conducen a resultados mayores y mejores. ¡Aquí va por hacer que esos hábitos beneficiosos se arraiguen sin esfuerzo!

Rutinas de mañana y noche que funcionan

Es importante planificar horarios de despertar consistentes. ¿Por qué, preguntas? Es porque la consistencia establece el tono para tu día — despertar a la misma hora todos los días ayuda a moldear cómo interactúas con el mundo. Y, honestamente, simplemente hace todo más fácil. Por ejemplo, si estás intentando ir al gimnasio antes del trabajo, sabes exactamente cuánto tiempo tienes...sin juegos de adivinanzas. Además, tu cuerpo se acostumbra, haciendo las mañanas un poco menos somnolientas.

Hablemos de las noches. Reflexionar sobre el día antes de dormir no es solo para los filósofos antiguos. Honestamente, es uno de los mejores hábitos que puedes desarrollar. Toma un cuaderno y anota algunos pensamientos. Escribir cosas como "¿Qué salió bien hoy?" y "¿En qué puedo mejorar mañana?" puede crear magia real con el tiempo. Te da un momento para pausar — ser más consciente antes de acostarte. Y honestamente, es mucho mejor que desplazarte por el teléfono durante horas.

Ahora, los horarios de despertar están planificados. Genial, ¿pero qué pasa con la priorización de tareas? Comienza con las más importantes. Tal vez sea ese informe que has estado posponiendo o esa conversación difícil que necesitas tener. Simplemente abórdalo...Hazlo. Tachar los elementos más grandes al principio puede darte una gran sensación de logro — un pequeño impulso de "¡Puedo con esto!" para el resto del día. ¿Sabes cómo cuando completas una tarea, de repente se siente más fácil hacer todo lo demás? Esa es la dinámica que estamos buscando.

Aquí tienes una forma práctica de empezar:

- **Planifica horarios de despertar consistentes**

  Imagina poner la alarma a la misma hora durante toda la semana y también los fines de semana. Colócala al otro lado de la habitación si es necesario, así tienes que levantarte físicamente para apagarla. (Sí, puede sentirse cruel, pero definitivamente funciona). Tener un horario de levantarse regular entrena a tu cuerpo y mente para despertar naturalmente, reduciendo la lucha con el botón de snooze.

- **Reflexiona sobre el día antes de dormir**

  Antes de meterte en la cama, tómate unos minutos para recapitular tu día. Reflexiona sobre esos momentos de reuniones o diálogos compartidos durante el día. Pregúntate honestamente, "¿Cuál fue el punto destacado de hoy?" y "¿Dónde puedo hacer pequeños cambios mañana?". Este pequeño hábito puede ser bastante poderoso y ralentizar tus pensamientos para hacer que el sueño llegue más fácilmente.

- **Prioriza tareas importantes**

  Haz una lista la noche anterior o la misma mañana. Escribe hasta tres cosas importantes que necesitas hacer. Clasifícalas por orden de importancia y trabaja en ellas diligentemente. Sí, puede que no parezca divertido, pero créeme, abordar lo importante primero puede dejarte en un gran estado mental para el resto del día.

La idea aquí es desarrollar rutinas simples que realmente marquen la diferencia. Aunque reflexionar sobre el día no es obligatorio, definitivamente ayuda. Poner en práctica horarios de despertar consistentes no es para controladores; es para aquellos que buscan vivir una vida más fluida y menos estresante. La priorización puede parecer abrumadora al principio, pero una vez dominada, las tareas no se acumulan.

"El éxito no es la suma de cambios poderosos; es el hábito bien practicado de acciones simples llevadas a cabo consistentemente."

No solo pases apresuradamente por la vida. Toma medidas para asegurarte de que tus rutinas se alineen bien con tus objetivos diarios. Mézclalo con actividades formadoras de hábitos como un horario de despertar consistente, y reflexionar activamente sobre los días pasados — las cosas parecen mucho más manejables, ¿verdad?

Incorporando el Ejercicio y la Meditación en tu Rutina

Para muchos de nosotros, comenzar una rutina de ejercicio puede parecer abrumador. Lo postergamos, tal vez porque estamos demasiado cansados, ocupados, o simplemente "sin ganas". Pero seguir un horario regular de ejercicio no se trata solo de la salud física; se trata de construir hábitos efectivos que mejoren el bienestar general. Tengo algunos consejos, espero que prácticos, para ayudarte a empezar y mantenerte en el camino correcto.

Paso 1: Programa sesiones diarias de ejercicio.

Desde el principio, haz tiempo para ello. ¿Mañanas o tardes? No importa. Elige la que te haga sentir más enérgico. Apúntalo en tu agenda. Trátalo como cualquier otra cita importante. "¿Tienes una reunión a las 10? ¿Gimnasio a las 5?" No es solo anotar algo; es reservar un bloque de tiempo dedicado a ti y tu salud.

Considera actividades que disfrutes hacer. ¿Odias correr? Prueba una clase de baile o ciclismo en su lugar. Es más fácil mantenerse en algo que te gusta (o al menos no odias). Y presta atención a cómo se siente tu cuerpo después de hacer ejercicio y deja que eso te motive.

Paso 2: Practica la meditación de atención plena.

Sé que la meditación puede parecer un poco alejada de la realidad, pero ten paciencia conmigo. Esta pequeña práctica puede redefinir cómo manejas el estrés. Encuentra un lugar tranquilo y siéntate cómodamente. Concéntrate en tu respiración: siéntela, ralentízala y guía tu mente de regreso cada vez que divague. Puede parecer complicado al principio, pero se vuelve natural con un poco de práctica.

Piénsalo de esta manera: el ejercicio entrena tu cuerpo mientras que la meditación entrena tu mente. No te saltarías el día de piernas, ¿verdad? Entonces, ¿por qué saltarte el día de la salud mental? Intenta incorporar 5-10 minutos de meditación en tu rutina diaria. Hazlo aún más sencillo vinculándolo con otro hábito, como justo después de tu entrenamiento matutino o justo antes de acostarte.

Paso 3: Equilibra actividades físicas y mentales.

"Dicen que no puedes verter de una taza vacía"... y realmente, ¿no deberías ser tu prioridad aquí? Equilibrar actividades físicas y mentales puede ayudarte a mantenerte centrado. Combina ejercicios cardiovasculares con estiramientos o yoga. Sigue una sesión de HIIT con ejercicios de respiración.

La idea aquí es crear armonía. No necesitas horas para este equilibrio; un simple paseo de 30 minutos seguido de 10 minutos de meditación puede hacer maravillas. Escucha a tu cuerpo y mente, respondiendo a lo que cada uno necesita en ese momento.

Aquí hay un consejo de oro para recordar:

"No se trata de ser el mejor; se trata de ser mejor que ayer."

Este equilibrio asegura que no estás descuidando un aspecto sobre el otro. Combina la atención plena con el ejercicio: cuando corres, deja la música por un momento y escucha el sonido de tu respiración. Te conecta más profundamente con la actividad y a menudo resulta en entrenamientos más productivos y efectivos.

¿Te sientes inseguro acerca de por dónde empezar? Está bien... comienza pequeño. Da ese paseo alrededor de la manzana, anota ese entrenamiento, respira profundamente y deja que pequeños pasos te guíen colectivamente hacia la construcción de hábitos efectivos. Esta práctica continua no solo te mantendrá en forma; fomentará una sensación de calma y bienestar, ayudándote a superar desafíos con una mente más clara y enfocada. La consistencia es clave aquí, no la perfección.

Conceptos importantes en los que enfocarse:

- Elegir actividades placenteras
- Reservar tiempo dedicado
- Combinar ejercicio con atención plena
- Mantener la consistencia sobre la perfección

Prepárate para el éxito, no para el fracaso. Y sé amable contigo mismo; estás haciendo algo asombroso aquí. Entrenar tanto el cuerpo como la mente puede allanar el camino hacia una vida equilibrada y más plena.

Nutrición Saludable para un Rendimiento Óptimo

Comer comidas equilibradas y ricas en nutrientes juega un papel enorme en cómo realizamos las tareas diarias. A menudo pasamos el día picoteando bocadillos rápidos que parecen inofensivos pero que en realidad no ayudan a que nuestro cuerpo funcione al máximo. Curiosamente, las comidas que consumimos pueden tener un gran impacto en nuestra concentración, niveles de energía y bienestar general. Más que nada, apuntar a un equilibrio en nuestra dieta allana el camino para un rendimiento óptimo.

Para empezar, elegir alimentos integrales en lugar de procesados es clave. Cuando evitamos los alimentos procesados y los azúcares, nuestros cuerpos reciben nutrientes en su forma natural. ¿Alguna vez has leído la etiqueta de un bocadillo y no pudiste reconocer la mitad de los ingredientes? Esa es nuestra señal: nuestros cuerpos funcionan mejor cuando nos mantenemos en alimentos simples y naturales. Por ejemplo, piensa en tomar una manzana en lugar de una barra de caramelo. De esta manera, no solo evitamos el azúcar innecesario, sino que también proporcionamos a nuestros cuerpos fibra y vitaminas que apoyan una energía sostenida en lugar de picos y caídas rápidas.

Y hablando de **energía**... mantenernos hidratados a lo largo del día es igualmente importante. El **agua** nos ayuda a sentirnos más alerta y puede mejorar nuestro estado de ánimo. Quiero decir, ¿quién no ha tenido uno de esos días en los que simplemente te sientes mal y luego te das cuenta de que no has tomado suficiente **agua**? Sí, la hidratación puede obrar milagros. Consejo de profesional: tener una botella de **agua** al alcance facilita beber de manera constante. Si el **agua** simple no es lo tuyo, agregar una rodaja de limón puede darle un toque refrescante sin añadir aditivos no saludables.

Luego, también es muy importante pensar en cómo combinamos nuestros alimentos. Las comidas equilibradas incluyen una mezcla de proteínas, grasas saludables y carbohidratos. Por ejemplo, comenzar el día con avena cubierta de bayas y un puñado de nueces cumple con todos los requisitos. Las proteínas de las nueces, los carbohidratos de la avena y los azúcares naturales de las bayas juntos proporcionan un gran impulso de energía duradero. Créeme, prueba algunas combinaciones y nota cómo responde tu cuerpo de manera diferente en comparación con solo un bagel rápido.

Aquí hay algo que me gustaría resaltar: **las verduras y hortalizas son nuestros mejores aliados**. Están llenos de vitaminas y minerales esenciales. ¿Alguna vez has escuchado el dicho 'come tu arcoíris'? Se trata de incluir diversas verduras coloridas en tus comidas. Cada color ofrece diferentes nutrientes que fortalecen colectivamente nuestro cuerpo. La próxima vez que estés preparando una comida, agrega pimientos rojos, espinacas y tal vez zanahorias coloridas. No solo son buenos para ti, sino que pueden convertir tu plato en una paleta vibrante.

Una gran porción de alimentos naturales tiene un gran impacto. Los alimentos procesados y rápidos pueden hacernos sentir lentos y cansados, saboteando nuestros esfuerzos hacia nuestras metas. Eso no significa eliminar los caprichos por completo (no es divertido), pero ser conscientes y elegir mejores opciones la mayor parte del tiempo marca la diferencia.

"La mayor riqueza es la salud, y las decisiones que tomamos a diario moldean significativamente esa riqueza."

Para concluir esta perspicacia, piensa en ponerla en práctica de esta manera:

- **Mezcla Tu Plato**

  Combina proteínas, grasas y carbohidratos para mantener los niveles de energía. Piensa en carnes magras con arroz integral y verduras, ese tipo de cosas.

- **Picotea de Forma Inteligente**

  Cambiar las papas fritas por frutas o nueces te ayuda a mantenerte lleno por más tiempo y te proporciona un mejor combustible.

- **Hidrátate a Menudo**

  Sorber agua repetidamente durante el día puede dar resultados con mejor enfoque y energía. Mantén el **agua** visible y accesible, como en tu escritorio de trabajo o en tu bolso.

Integrar estos hábitos puede parecer pequeños pasos, pero créeme, tienen un gran impacto. Tomarse el tiempo para comer bien, mantenerse hidratado y elegir alimentos integrales en lugar de procesados nos prepara naturalmente para el éxito. Confía en estos conceptos básicos y observa cómo mejoran tu rendimiento día a día.

El Papel del Sueño en la Construcción de la Fuerza de Voluntad

Obtener suficiente **sueño** no se trata solo de sentirse descansado; también es una parte clave en la construcción de la **fuerza de voluntad**. Muchas personas lo pasan por alto, pensando que simplemente "resistirán" sin suficiente descanso. Pero esta mentalidad llevará rápidamente al "agotamiento" y hará que tus metas sean más difíciles de alcanzar. Dormir lo suficiente realmente puede ayudar, así que concéntrate en cómo optimizar tu **horario de sueño**.

Si puedes, apunta a 7-8 horas de sueño cada noche. Este intervalo se ha demostrado que es ideal para la mayoría de los adultos. Aunque es tentador quedarse despierto hasta tarde para terminar ese último trabajo o ver solo un episodio más, es crucial poner tu sueño en la parte superior de tu lista de prioridades. Después de todo, el sueño insuficiente afecta tu estado de ánimo, enfoque y capacidad para tomar decisiones... todas cosas que impactan directamente en tu fuerza de voluntad.

Mantener un **horario de sueño** es igual de importante. Ir a la cama y despertarse a la misma hora todos los días establece el reloj interno de tu cuerpo, o ritmo circadiano. Esta consistencia puede facilitar conciliar el sueño y despertarse naturalmente, sin sentirte adormilado. Si tu horario de sueño varía demasiado, puede desajustar este ritmo y hacerte sentir como si te hubieran atropellado un tren el lunes por la mañana. Créeme, vale la pena el esfuerzo hacerlo rutina, incluso los fines de semana.

También querrás crear una **rutina relajante antes de dormir**. Imagina relajarte cada día con actividades que te ayuden a relajarte en lugar de estimularte. Aquí tienes algunos consejos prácticos:

- **Bajar las luces:** Disminuir el brillo alrededor de tu hogar señala a tu cuerpo que es hora de empezar a concluir las cosas.
- **Guardar las pantallas:** La luz azul de teléfonos y computadoras puede mantener tu cerebro despierto. Intenta leer un libro o escuchar música tranquila en su lugar.
- **Baño o ducha caliente:** Esto puede ayudar a relajar tus músculos y mente después de un largo día.
- **Respiración consciente:** Tomarte unos minutos para concentrarte en tu respiración puede ayudar a aliviar cualquier estrés o preocupación persistente.

"No es el sueño que obtienes... es el MEJOR sueño que obtienes", puede sonar simple, pero tiene mucho peso. Es más probable que fortalezcas tu fuerza de voluntad con un sueño reparador y de alta calidad.

Considera algunos consejos sobre qué pensar, hacer o sentir si tienes dificultades para establecer una base de sueño sólida. Piensa en cómo estar bien descansado puede llevar a una toma de decisiones más efectiva. Siente cómo la menor fatiga impacta positivamente en tu estado de ánimo cada día. Empieza a notar los pequeños logros que son más fáciles de alcanzar porque estás bien descansado.

Ten en cuenta que reentrenar tus hábitos de sueño no ocurrirá de la noche a la mañana (con juego de palabras incluido). Pero al igual que cualquier otro hábito, la consistencia da sus frutos. Haz ajustes graduales:

- **Cambiar la hora de dormir:** Si normalmente te acuestas muy tarde, adelanta tu hora de dormir en incrementos de 15 minutos.
- **Luz solar matutina:** Tu cuerpo necesita luz natural temprano en el día para ayudar a regular tu reloj interno, así que aprovecha el sol cuando puedas.
- **Limita la cafeína y el alcohol:** Estos pueden interferir con tu capacidad para conciliar y mantener el sueño.

Centrarse en el sueño puede sonar básico, pero la verdad es que los malos hábitos de sueño podrían ser una de tus principales barreras para obtener una sólida fuerza de voluntad. Apuntando a 7-8 horas, manteniendo un horario constante y creando una rutina relajante antes de dormir, estás sentando las bases para un tú más determinado y resiliente. Así que inténtalo y observa cómo este simple cambio puede impactar profundamente en tu vida.

¡Vamos a Ser Prácticos!

Bien, arremanguémonos y entremos en los detalles de la construcción de hábitos efectivos. Este ejercicio te guiará paso a paso para aplicar la sabiduría del Capítulo 5 de "El Poder de la Auto-Disciplina Positiva", convirtiendo esos conceptos abstractos en hábitos diarios.

Paso 1: Define tu '¿Por qué?'

Comienza por identificar tus motivaciones. Piensa en por qué deseas construir nuevos hábitos. ¿Es para tener una mejor salud, aumentar la productividad o encontrar paz interior? Escríbelo. Por ejemplo:

- "Quiero desarrollar hábitos más saludables para tener más energía para mis hijos."
- "Deseo desarrollar una rutina matutina para empezar mi día con una mente clara."

Mantener tus razones en primer plano puede ser la fuerza fundamental que necesitas cuando las cosas se ponen difíciles.

Paso 2: Empieza Pequeño con la Acumulación de Hábitos

Querrás comenzar adjuntando un nuevo hábito a uno existente, un truco mental simple pero poderoso. Se llama acumulación de hábitos. Identifica un hábito actual, como cepillarte los dientes, y agrega un nuevo hábito pequeño justo después. Así es como puedes hacerlo:

- Si sueles cepillarte los dientes por la mañana, añade 5 minutos de meditación justo después.

- Si tomas café por la mañana, sigue escribiendo tres cosas por las que estás agradecido.

Al colocar nuevos hábitos en el flujo de tu rutina existente, creas una transición sin problemas.

Paso 3: Establece una Rutina Matutina Efectiva

A continuación, creemos esa rutina matutina crítica que puede establecer un tono positivo para todo tu día. Aquí tienes una secuencia sugerida:

- **Despierta e hidrátate** – Toma un vaso de agua (la manera perfecta de despertar tu cuerpo).
- **Estira o haz ejercicio** – Haz un estiramiento rápido de 10 minutos o corre en su lugar (¡despierta esos músculos!).
- **Meditación** – Dedica 5 minutos a la atención plena o la respiración profunda.
- **Planifica tu día** – Dedica otros 5 minutos a detallar tus 3 principales prioridades.

Algunos podrían preferir empezar con la meditación, mientras que otros necesitan ese estiramiento matutino primero. ¡Personalízalo para que se ajuste a tu onda!

Paso 4: Diseña una Rutina de Descanso Nocturno Potente

A medida que el día llega a su fin, tú también deberías hacerlo. Así es cómo crear ese cierre perfecto:

- **Desintoxicación Digital** – Apaga las pantallas al menos una hora antes de acostarte.
- **Reflexiona** – Dedica unos minutos a escribir en un diario (¿qué salió bien? ¿Qué puedes mejorar?).
- **Prepárate para Mañana** – Prepara tu ropa, haz una lista de tareas.
- **Lectura o Relajación** – Lee un libro o haz algo de yoga ligero.

Un ejemplo podría ser tomar una taza de té de hierbas mientras escribes en tu diario o leer durante 20 minutos antes de apagar las luces.

Paso 5: Incorpora Ejercicio y Meditación en tu Rutina

La consistencia es clave. Apunta a insertar ejercicio y meditación de forma fluida en tu día sin que se sienta impuesto o estresante. Aquí tienes una idea para que funcione:

- **Mañana** - Unos minutos de meditación antes de hacer cualquier cosa.
- **Tarde** - Un breve paseo durante la pausa del almuerzo (rompe la monotonía laboral).
- **Noche** - Estiramientos ligeros o una sesión calmada de yoga.

La acumulación de hábitos también puede ayudar aquí, como meditar tan pronto como te despiertes o justo después de tu paseo del almuerzo.

Paso 6: Crea un Plan Nutricional para un Rendimiento Óptimo

Los buenos hábitos comienzan desde adentro. Planifica comidas que nutran y energicen. Diseña un plan semanal de comidas simple pero práctico. Por ejemplo:

- **Desayuno** - Avena con frutas y frutos secos o una tortilla de verduras.
- **Almuerzo** - Ensalada mixta con pollo a la parrilla o un bol de quinua.
- **Cena** - Salmón al horno con verduras al vapor o una sopa de verduras abundante.

Un buen tentempié podría ser frutos secos o una manzana, manteniendo a raya ese hambre del mediodía sin llenarte de calorías vacías.

Paso 7: Prioriza el Sueño como una Forma de Construir la Voluntad

El sueño, ese héroe no reconocido en el mundo de la fuerza de voluntad. Apunta a establecer un horario de sueño que garantice 7-9 horas de descanso.

- **Hora Consistente de Acostarse/Levantarse** – Sí, incluso los fines de semana.
- **Entorno Propicio para el Sueño** – Luces tenues, ropa de cama cómoda, temperatura fresca en la habitación.
- **Limita los Estímulantes** – Evita la cafeína o comidas pesadas tarde en la noche.

Como ejemplo, establece una alarma para el modo de relajación en lugar de despertar; podría animarte a comenzar tu rutina nocturna, asegurándote de acercarte al mundo de los sueños a tiempo.

Al dar pasos pequeños e intercalando estas prácticas en tu vida diaria, puedes crear una fortaleza de hábitos positivos que respalden tus metas. Los esfuerzos constantes y consistentes aquí son los que cuentan. ¡Feliz construcción de hábitos!

Capítulo 6: Superando Obstáculos Comunes

"El éxito es tropezar de fracaso en fracaso sin perder entusiasmo."

¿Alguna vez has sentido que estás constantemente luchando en una batalla perdida contra la procrastinación o persiguiendo esperanzas falsas? Este capítulo se sumerge en esas luchas que todos enfrentamos. **Superando Obstáculos Comunes**—¿no te hacen suspirar de alivio esas palabras? Si alguna vez te has preguntado por qué las tareas siempre se extienden hasta el último minuto o por qué el cambio te hace sentir incómodo, no estás solo (todos hemos estado ahí).

Comprender algunos principios astutos como la Ley de Parkinson y el **Síndrome de la Falsa Esperanza** puede arrojar luz sobre por qué sigues chocando contra la misma pared. Apuesto a que la procrastinación no te es ajena... vamos a abordarla de frente. Luego están esas molestas expectativas poco realistas, que te carcomen, preparándote para decepciones. ¡Y no finjamos que la incomodidad y el cambio no son, bueno, incómodos!

¿Y si supieras que simplemente **esforzarte un poco más** podría marcar la diferencia? Ingresa la "Regla del 40%"—una idea que te empujará a superar esos límites (sin sentir que te estás rompiendo).

Al final de este capítulo, estarás armado con tácticas para gestionar tu tiempo, moderar tus expectativas y ver la incomodidad como un escalón. ¿Listo para conquistar esos obstáculos? ¡Sumérgete y domina estos desafíos!

Comprendiendo la Ley de Parkinson y el Síndrome de la Falsa Esperanza

La Ley de Parkinson... hablemos de cómo el trabajo tiende a expandirse para llenar el tiempo que le has dado. ¿Has notado que cuando tienes todo un día para terminar una tarea, de alguna manera toma todo el día? Es como magia, si la procrastinación fuera un superpoder. Esto no es solo una observación peculiar; de hecho, es un concepto reconocido. Básicamente significa que si estableces una fecha límite más larga para un trabajo, incluso uno fácil... de alguna manera usarás todo ese tiempo (probablemente porque todo lo demás se siente más de último minuto). Mantener las fechas límite muy ajustadas puede ayudar a evitar esta trampa: darte justo el tiempo suficiente para la tarea sin agregar más de lo necesario.

Luego está el Síndrome de la Falsa Esperanza. Se trata de establecer metas excesivamente ambiciosas. ¿Sabes, esos grandes planes como "Voy a aprender tres nuevos idiomas este año" o "Voy a perder 50 libras para el verano"? ¿Te suena familiar? Nuestras esperanzas nos empujan a establecer la barra demasiado alta. Siempre es bueno apuntar a cosas grandes, pero si siempre apuntas demasiado lejos, las decepciones se acumulan y el ánimo disminuye. ¿Alguna vez te has propuesto grandes planes solo para encontrarlos demasiado intimidantes y renunciar por completo? Sí, eso es el Síndrome de la Falsa Esperanza en acción. La clave aquí —y es realmente importante— es establecer metas realistas y alcanzables. ¿Quién no quiere lograr cosas increíbles? Pero mantengámonos con los pies en la tierra para que suceda.

Entonces... ¿cómo manejamos estas situaciones complicadas? **La planificación realista** es tu mejor amiga aquí. Asegúrate de establecer plazos alcanzables, dar a cada tarea una dosis saludable de urgencia pero sin un pánico innecesario.

Bien, aquí hay una forma simple de evitar estos errores:

- **Definir Objetivos Claros**

  Sé específico. En lugar de decir "Quiero ponerme en forma", apunta a "Quiero hacer 30 minutos de ejercicio, cinco veces a la semana". Esta claridad establece un objetivo práctico.

- **Divídelo**

  Divídelo en pasos más pequeños. Los trozos pequeños hacen que las tareas grandes parezcan manejables. Es la diferencia entre "Voy a escribir un libro" y "Voy a escribir durante 20 minutos todos los días".

- **Establecer Fechas Límite Realistas**

  Si necesitas ordenar tu casa, comenzar con una habitación por fin de semana podría funcionar mucho mejor que intentar hacerlo todo de una vez.

- **Controla y Ajusta**

  A medida que avanzas, marca tu progreso. Si descubres que las cosas llevan más tiempo, ajusta la línea de tiempo, pero no la extiendas indefinidamente. Los ajustes rápidos pueden mantenerte en el camino correcto.

Aquí tienes un ejemplo práctico: si quieres mejorar tus habilidades en algo nuevo, digamos pintar, no planees una exposición en seis meses sin experiencia. Comienza pequeño. Apunta a completar un cuadro al mes en su lugar. Progresa gradualmente, evolucionando tu habilidad y reduciendo la presión abrumadora, que de otra manera, no sorprendentemente, puede llevar a decepciones... y renuncias con más frecuencia.

Por ejemplo,

"Nunca lograrás algo si crees que simplemente estableciendo un objetivo alto, automáticamente serás capaz de alcanzarlo fácilmente."

Esos obstáculos ocultos como la procrastinación y las esperanzas excesivamente ambiciosas no te afectarán, honestamente, una vez te enfoques en ese enfoque equilibrado. Se trata de combinar esas victorias rápidas para suavizar tus triunfos más importantes.

Para resumir (bien hecho hasta aquí), utiliza una definición clara de objetivos, plazos realistas y controla de cerca tu progreso. No solo te evita estar sobrecargado, sino que también te mantiene motivado. Bastante simple pero impactante, usar la Ley de Parkinson sabiamente y evitar el Síndrome de la Falsa Esperanza puede marcar una gran diferencia.

¿Quién está listo para comenzar a planificar con un poco más de sabiduría y mucho menos estrés?

Estrategias para Combatir la Procrastinación

Bien, vamos directo al grano. La procrastinación, nos afecta a todos. Todos hemos estado ahí, mirando una tarea aparentemente gigante que se siente abrumadora. Pero espera, ¿qué tal si pudieras avanzar en esa tarea monstruosa poco a poco? Dividir las tareas en pasos más pequeños es exactamente cómo puedes lograrlo. Es como convertir una montaña en una serie de pequeñas colinas.

Paso 1: Dividir las tareas en pasos más pequeños. Comienza delineando la tarea general y luego divídela en tareas más pequeñas y factibles. Digamos que necesitas escribir un informe. En lugar de tener "Escribir un informe" acechándote, cámbialo por "Hacer un esquema," "Escribir la introducción" y "Investigar fuentes." Al hacer una lista de tareas más pequeñas, no te sentirás abrumado. Además, cada logro pequeño genera impulso para el siguiente.

Has dividido las tareas en partes más manejables, pero ¿cómo te mantienes enfocado en cada una? Entra en **Paso 2: Usa la Técnica Pomodoro** para trabajo enfocado. Esta técnica es bastante simple: trabajas durante 25 minutos seguidos, luego tomas un descanso de 5 minutos. Este estallido de trabajo concentrado, seguido de un descanso, te ayuda a mantener altos niveles de productividad sin agotarte. Descubro que antes de darme cuenta, esos 25 minutos han pasado volando, y he avanzado significativamente.

"Pero, ¿en qué debo trabajar durante esos 25 minutos?" te preguntarás. Ahí es donde **Paso 3: Prioriza las tareas utilizando la Matriz de Eisenhower** entra en juego. La Matriz de Eisenhower te ayuda a determinar qué debe hacerse primero. Es una caja simple dividida en cuatro secciones:

- **Urgente e importante** (Haz esto primero, sin duda)
- **Importante pero no urgente** (Planifica esto para más tarde)
- **Urgente pero no importante** (Piensa en delegarlo)
- **Ni urgente ni importante** (¿Por qué molestarse ahora mismo?)

Al categorizar tus tareas de esta manera, tendrás un plan claro para tus Pomodoros.

"La procrastinación es ladrona del tiempo" —en efecto, y planificar tu trabajo en lugar de posponerlo puede recuperar ese tiempo perdido.

¡Imagina la sensación de claridad al ver de un vistazo qué merece realmente tu atención!

Combinando estos pasos, **dividir las tareas,** ráfagas de trabajo enfocado y una adecuada priorización te permite construir un flujo de trabajo que minimiza las distracciones y maximiza la productividad. El verdadero truco está en la consistencia. Puedes usar estas técnicas una vez y tener un gran día, pero usarlas consistentemente puede significar tener muchos días más productivos.

Para hacer todo aún más personal, ¿has trabajado últimamente en algo que lleva mucho tiempo pendiente? Comienza con el "Informe crítico" en mano, la desglosar puede verse así:

- Crear un esquema en 25 minutos
- Buscar referencias en otro bloque de 25 minutos
- Escribir el borrador inicial en el primer Pomodoro de mañana

¿Lo ves más claro ahora? Un pequeño esfuerzo en segmentar y priorizar tu trabajo con ráfagas diligentes y enfocadas te ayuda a hacer mucho más—¡la procrastinación no tiene oportunidad! Sigue así, y los frutos de tu esfuerzo disciplinado te servirán bien.

Manejo de Expectativas Irrealistas

Establecer expectativas realistas es realmente importante. Una forma de gestionar esto es estableciendo metas SMART. SMART significa **Específico, Medible, Alcanzable, Relevante** y **Limitado en el Tiempo**. Es un enfoque directo.

Por ejemplo, digamos que quieres mejorar en la gestión del tiempo. En lugar de hacer una promesa vaga de ser "mejor", decide algo como, "Dedicaré 2 horas diarias a tareas productivas de 9 a 11 de la mañana durante un mes." Esta meta es:

- **Específica**: Se centra en un área clara de la gestión del tiempo entre las 9 y las 11 de la mañana.
- **Medible**: Tienes 2 horas para medir diariamente.
- **Alcanzable**: Es realista dada tu rutina diaria.
- **Relevante**: Se alinea directamente con tu deseo de mejorar en el tiempo.

- **Limitada en el Tiempo**: Esta meta tiene un límite de un mes.

Revisar y ajustar tus metas regularmente es igualmente esencial. Los esfuerzos no siempre salen como se planean. Quizás después de dos semanas, descubres que las mañanas simplemente no funcionan para ti. ¡No hay problema en ajustarse! Cambia a un horario diferente, permitiéndote ser flexible y adaptarte a nuevos descubrimientos. Estos ajustes son necesarios y no significan rendirse. En cambio, significan crecimiento y aprendizaje.

La **auto-compasión** juega un papel crucial aquí. Cuando no alcanzas una meta o te quedas corto en tus planes, no seas demasiado duro contigo mismo... todos somos humanos y encontrar contratiempos es parte del proceso. Muéstrate la misma amabilidad que ofrecerías a un amigo en una situación similar. Esta mentalidad ayuda a reducir el estrés relacionado con las expectativas irrealistas.

La paciencia se relaciona muy estrechamente con la auto-compasión. Evita esperar resultados inmediatos. Desarrollar nuevos hábitos o habilidades es como plantar una semilla; lleva tiempo ver los frutos. Entonces, cuando tu progreso se sienta lento, recuerda que cada pequeño paso cuenta hacia tu objetivo final. **"La paciencia no es simplemente la capacidad de esperar, es cómo nos comportamos mientras esperamos."** Esta afirmación resuena notablemente bien con el logro de metas.

Desarrollar auto-disciplina no significa que debas ser perfecto todo el tiempo. La expectativa de la perfección puede paralizar el progreso. Entiende que desviarte del plan ocasionalmente está totalmente bien. Tomar descansos o cambiar el enfoque no significa que la meta ya no sea alcanzable. Siempre y cuando estés en el camino, los pequeños desvíos no estropearán el viaje.

Reflexiona sobre las pequeñas victorias. ¿Lograste gestionar tu franja horaria de 9 a 11 de la mañana de manera impecable quizás una o dos veces esta semana? ¡Celebra esas pequeñas victorias!

Representan progreso. El refuerzo positivo anima al esfuerzo continuo.

Si el camino se vuelve abrumador (y a veces lo hace), mira los elementos que contribuyen a esa sensación. ¿Necesitas bajar la barra temporalmente o dividir la meta en partes aún más pequeñas? Hacer cambios no es un fracaso. Es una parte natural de alcanzar un plan a largo plazo.

Un consejo práctico es anotar reflexiones al final de cada semana. Este hábito te ayuda a entender qué está funcionando y qué no. Es una forma de conversar contigo mismo... de conectar con tus pensamientos y emociones más profundos sobre el proceso. Una vez más, practica la honestidad pero también acepta fácilmente tu humanidad en las reflexiones.

Por último, la **confianza audaz** no debería disminuir porque a veces no cumplas con las expectativas. Si las expectativas han cambiado de lugar con la realidad de formas imprevistas, simplemente delinea tus metas SMART de nuevo, revísalas regularmente, sé amable contigo mismo, permite que la paciencia surja naturalmente, aprecia las pequeñas victorias y reflexiona continuamente. Como suele decirse, el esfuerzo adicional es donde reside el tesoro. Ajustar y reorganizar las expectativas para adaptarse al flujo real de los eventos no solo es inteligente, es fundamental.

Manejando la incomodidad y el cambio

Entonces, te estás enfrentando a **incomodidad** y **cambio**—es bastante común, ¿verdad? La mayoría de nosotros lo encontramos difícil, pero ¿qué tal si vemos la incomodidad no como una molestia, sino como una **oportunidad de crecimiento**? Cuando estás fuera de tu **zona de confort**, estás creciendo—solo piénsalo como estirar. De la misma manera que estiras tus músculos durante el ejercicio, como cuando quieres ganar fuerza, estás ampliando tus límites mentales cuando lidias con la incomodidad.

¿Alguna vez has probado la **atención plena**? Es una forma fantástica de lidiar con esos momentos incómodos. Quizás hayas escuchado sobre la atención plena antes—sentarte en silencio, enfocándote en tu respiración. Ayuda, créeme. Incluso breves momentos de atención plena, como prestar atención a tu entorno o tu respiración durante uno o dos minutos, pueden marcar la diferencia. Cuando te sientas abrumado, ralentiza y sé consciente de tus pensamientos y sentimientos. No resuelve todo, pero hace el momento más manejable.

Crear un entorno de apoyo es otra parte clave para lidiar con la incomodidad y aceptar el cambio. ¿Alguna vez has notado cuánto más fáciles se vuelven las cosas cuando las personas a tu alrededor entienden lo que te está sucediendo? **Las personas** que saben que estás tratando de hacer cambios pueden ser realmente útiles. Pueden animarte, darte consejos o simplemente estar allí para escuchar. Es posible que necesites explicar lo que estás haciendo y por qué—te sorprenderá cuántas veces las personas están dispuestas a ayudar una vez que entienden.

"A veces, los cambios que estamos haciendo por dentro pueden no ser visibles para todos en el exterior—pero ahí es donde sucede la verdadera magia."

Entonces, aquí tienes un enfoque práctico para hacer que estas ideas funcionen:

- **Reconoce la incomodidad como crecimiento**

Cada vez que te sientas incómodo, recuérdarte que esto es una señal de crecimiento. El crecimiento no suele ser cómodo, pero es muy gratificante. Al cambiar tu perspectiva, comienzas a apreciar estos momentos difíciles por lo que realmente son. Es como ejercitar un músculo que no sabías que tenías.

- **Practica la atención plena**

Haz de la práctica de la atención plena un hábito diario. Encuentra momentos para simplemente respirar y estar presente, como durante tu rutina matutina (la meditación ayuda). Comienza poco a poco, tal vez uno o dos minutos, luego gradualmente aumenta a sesiones más largas. Se trata de ser consciente de tus pensamientos sin juzgar, no de deshacerte de ellos.

- **Construye tu sistema de apoyo**

Habla con tus amigos y familia sobre tus metas y los cambios que estás haciendo. Pide su apoyo, y no seas tímido al explicar lo que necesitas. Tal vez encuentres un compañero de responsabilidad que se comunique contigo—o únete a un grupo donde las personas tengan metas similares. Esto hace que el viaje se sienta menos aislado y más conectado.

- **Crea un entorno positivo**

Rodéate de cosas que te impulsen hacia tus metas. Esto podría ser citas inspiradoras en tu pared, una lista de reproducción que te motive, o incluso reorganizar tu espacio para reflejar los cambios que estás haciendo. Estos pequeños ajustes crean un entorno que te apoya en lugar de obstaculizarte.

- **Mantente constante**

Continúa incluso cuando se ponga difícil. Establece pequeñas metas alcanzables. Podría ser tan simple como hacer una sesión de atención plena de cinco minutos al día o hablar con dos amigos sobre tus nuevas metas en la semana. La constancia es lo que mantiene el impulso.

El cambio y la incomodidad no tienen por qué ser intimidantes. Son parte del camino hacia convertirte en una mejor versión de ti mismo. Cada paso, cada incomodidad es una señal de que estás avanzando.

¿No es reconfortante saber que no estás solo en esto? Estás creciendo, estirándote y volviéndote más fuerte, poco a poco.

La regla del "40%" para Superar Límites

Puede que hayas escuchado antes que cuando tu cuerpo te dice que pares, solo estás al 40% de lo que realmente eres capaz. Suena salvaje, ¿verdad? Pero hay buenas noticias aquí—esto significa que eres mucho más fuerte de lo que crees. Solemos pisar el freno prematuramente... creyendo que hemos alcanzado nuestro límite cuando, en realidad, todavía hay mucha más energía en el tanque. Aquí es donde entra en juego la **fortaleza mental**—nos empuja más allá de esos límites percibidos, instándonos a profundizar y seguir adelante.

Es crucial saber que esto no se trata solo de capacidades físicas. La regla del 40% se aplica a nuestros desafíos cotidianos—ya sea el tedioso informe que está en tu escritorio o mantener la concentración durante una agotadora sesión de estudio. El cerebro tiende a emplear pequeños "trucos" para conservar energía y garantizar la supervivencia... ¡pero no estás en peligro inmediato mientras miras una hoja de cálculo! Una vez que entiendes que esta fatiga temprana es una ilusión mental, puedes superarla.

El **progreso lento e incremental** es tu mejor aliado en esto. Ir demasiado fuerte, demasiado rápido, es una forma segura de agotarse. En cambio, piensa en ello en pasos más pequeños y manejables:

- **Establece Objetivos Pequeños**

  Fija metas más pequeñas dentro de tu desafío principal. Si estás corriendo, en lugar de una distancia de 5 millas, apunta a checkpoints incrementales—como el próximo poste de luz o las próximas cuadras. Alcanzar con éxito estos mini objetivos construye confianza y hace que la meta más amplia parezca menos abrumadora.

- **Señales Visuales y Afirmaciones**

  Las afirmaciones simples pueden hacer maravillas cuando esa fatiga mental comienza a aparecer. Frases rápidas como "Estoy al 40%, solo un poco más," pueden desviar tu mente de rendirte temprano. Utiliza notas y recordatorios alrededor de tu espacio de trabajo o incluso en tu ropa de gimnasio. Las señales visuales te recuerdan tus verdaderas capacidades.

- **Técnicas de Relajación**

  Tomarte un momento para respirar profundamente, decirte constantemente "Puedo hacer esto," mientras relajas tus músculos, puede parecer algo menor, pero con el tiempo fortalece tu determinación mental. Mantén este mantra—incluso cuando te sientas derrotado.

Aquí tienes un insight que podría ayudar:

"Superar tus límites no se trata de saltos gigantes de último minuto... se trata de dar un pequeño paso más cuando tu mente te está gritando que pares."

A continuación, desmitifiquemos un mito común sobre el progreso—no tiene que ser dramático o viral. Hacer **progresos lentos y sostenibles** es la clave. Seguramente tendrás efectos explosivos ocasionalmente, pero apuntar a sobresalir consistentemente prepara el escenario para el agotamiento real. Aquí está qué hacer en su lugar:

- **Tener puntos de control regulares:** Al final de cada semana, evalúa cuánto has avanzado. ¿Empujaste ese límite del 40% aunque sea un poco? ¡Las pequeñas incrementaciones cuentan!

- **Escucha a tu cuerpo—pero no demasiado.** Suena contradictorio, ¿verdad? Presta atención, pero reflexiona objetivamente—¿es esta fatiga genuina o simplemente la regla del 40% en acción?
- **Celebra los micro-logros.** Sin exagerar, reconoce incluso los logros más pequeños. El refuerzo positivo va lejos en engañar a tu cerebro para que confíe más.

El camino para dominar esta regla es una mezcla de superar límites y ser amable contigo mismo. El objetivo no es conquistar todo de una vez, sino hacer progresos constantes al estirar esos límites poco a poco... Sabiendo que eres más fuerte y capaz con cada paso que das. ¿No es reconfortante y empoderador ese pensamiento?

¡Vamos a ser Prácticos!

¡Muy bien, lectores! Han estado avanzando a través del maravilloso libro "El Poder de la Autodisciplina Positiva", y aquí estamos en el Capítulo 6, listos para remangarnos y abordar los obstáculos comunes. Aplicaremos todo lo que hemos aprendido sobre la procrastinación, superando la incomodidad, manejando expectativas poco realistas y utilizando la "Regla del 40%" para ese impulso adicional. ¡Así que vamos a hacerlo!

Paso 1: Comprender y Usar la Ley de Parkinson

Este paso se trata de poner la Ley de Parkinson a trabajar para ti. La idea es simple: el trabajo se expande para llenar el tiempo disponible para su finalización. Así que, sí, ese plazo que tienes, hazlo más cercano.

Qué hacer: Ponte un plazo más ajustado y urgente para una tarea que has estado posponiendo. Por ejemplo, si tienes un informe que entregar en una semana, dite a ti mismo que lo tienes que entregar en tres días.

Ejemplo: Si normalmente te llevas todo el fin de semana limpiando tu casa, pon una alarma y proponte terminarlo en dos horas. ¡Te sorprenderá lo rápido que va cuando el reloj está corriendo!

Paso 2: Manejar las Expectativas

Las expectativas pueden ser un gran desafío, y generalmente no de una buena manera. Expectativas poco realistas sobre lo que puedes hacer solo te traerán abajo.

Qué pensar/decir: Evalúa tus metas, ¿son razonables para el plazo? Pregúntate, "¿Realmente puedo lograr esto con mis recursos actuales?" Ajusta según sea necesario.

Ejemplo: En lugar de esperar volverte un experto en francés en un mes, establece el objetivo realista de aprender frases básicas de conversación en tres meses. ¡Lograrás más y te sentirás mejor!

Paso 3: Combatir el Síndrome de la Falsa Esperanza

El Síndrome de la Falsa Esperanza aparece cuando las expectativas son demasiado altas, estamos hablando de prepararte para una decepción.

Qué pensar: Recuérdate que el cambio duradero lleva tiempo. Evita pensamientos fugaces como, "¡Perderé 30 libras en un mes!" (Tu báscula y tu cordura te lo agradecerán).

Ejemplo: Si tu objetivo es ponerte en forma, comienza con metas alcanzables, como ir al gimnasio tres veces por semana en lugar de ir todos los días. Pequeños pasos constantes se acumulan con el tiempo.

Paso 4: Estrategias para Vencer la Procrastinación

Este podría ser el elefante en la habitación para muchos de nosotros. Enfrentar las tareas directamente cuando realmente no tenemos ganas es una habilidad que necesita ser pulida.

Qué hacer: Divide las tareas en piezas pequeñas y abórdalas una a la vez.

Ejemplo: Si necesitas escribir un trabajo, no pienses en todo el trabajo. Solo dite a ti mismo, "Voy a escribir la introducción ahora mismo". Una vez que comiences, el resto puede parecer menos desalentador.

Paso 5: Afrontar la Incomodidad y el Cambio

El cambio nunca es fácil, y admitámoslo, la incomodidad es... bueno, incómoda. Pero el crecimiento ocurre fuera de la zona de confort.

Qué hacer: Introduce cambios gradualmente y acércate a esa incomodidad en lugar de huir de ella.

Ejemplo: Si tu objetivo es tener un estilo de vida más saludable, no deseches todos los aperitivos el primer día. En su lugar, comienza reemplazando un aperitivo azucarado con una pieza de fruta y luego avanza desde ahí.

Paso 6: Aplicando la "Regla del 40%"

La "Regla del 40%" básicamente dice que cuando crees que has alcanzado tu límite, en realidad solo has llegado al 40% de tu verdadera capacidad.

Qué hacer: Cuando sientas que quieres rendirte en una tarea, dite a ti mismo que puedes manejar un poco más. Piensa en desafíos pasados donde seguiste adelante y terminaste sorprendiéndote a ti mismo.

Ejemplo: Si estás corriendo y sientes que no puedes continuar, fuerza a correr otros dos minutos. A menudo, descubrirás que puedes ir más allá de lo que inicialmente pensabas que era posible.

Y ahí lo tenemos, un enfoque práctico y manos a la obra para integrar las lecciones del Capítulo 6 en tu vida. Poco a poco, puedes superar obstáculos comunes con la mentalidad y técnicas adecuadas. Solo prueba estos pasos y, lo que es importante, ¡sé amable contigo mismo en el camino!

Parte 3: Practicando la Disciplina Positiva

Capítulo 7: Dominio de la Gestión del Tiempo

"El tiempo es lo que más deseamos, pero lo que peor utilizamos."

-- Entonces, hablemos sobre **la gestión del tiempo**. ¿Alguna vez te has encontrado corriendo al final del día, preguntándote dónde se fueron todas las horas? Todos tenemos tareas que se acumulan interminablemente, ¿verdad? Este capítulo es tu salvavidas para recuperar el control sobre tu horario.

Abordaremos técnicas que transforman la forma en que ves y utilizas tu tiempo. La **Técnica Pomodoro** promete bloques de trabajo enfocado, mientras que el **Bloqueo de Tiempo** te ayuda a maximizar la productividad. ¿La **Matriz de Eisenhower**? Una clase magistral en priorización. La **Regla de los Dos Minutos**—una forma rápida de completar tareas pequeñas—además de "**Trabajo Profundo**" para esos momentos en los que la eficiencia es innegociable.

¿Alguna vez te has sentido abrumado y enterrado bajo una montaña de tareas? No estás solo. Exploraremos estrategias que enfrentan el estrés de frente y **aumentan la eficiencia**. Imagina lograr más sin extender las horas de trabajo. Lograr esto no es ciencia espacial, solo estrategias inteligentes que puedes integrar en tu estilo de vida.

Leer este capítulo te dota de herramientas tangibles—al final, te preguntarás cómo lograbas antes sin ellas. Deja el caos atrás y da la bienvenida a un mundo donde el tiempo es tu aliado. ¿Listo para un cambio? ¡Comienza ahora... y empecemos!

Técnica Pomodoro para el Trabajo Concentrado

Imagina establecer bloques de tiempo cortos y manejables para completar tus tareas. Ese es el corazón de la Técnica Pomodoro: trabajar en intervalos de **25 minutos** con **pausas de 5 minutos**, dando a tu cerebro la oportunidad de refrescarse regularmente. A menudo luchamos con la multitarea y nos enfrentamos al agotamiento. Pero ¿qué tal si pudiéramos convertir en un juego agradable mantenernos enfocados?

Paso: Consigue un Temporizador

Necesitarás un temporizador. Puede ser un simple temporizador de cocina o una aplicación en tu teléfono. Este paso es crucial. Necesitas tener una forma tangible de rastrear tus períodos de enfoque de 25 minutos. Cuando el temporizador comienza, estás listo para sumergirte en tu tarea.

Paso: Configura el Temporizador de 25 Minutos

Ten una tarea específica en mente y configura tu temporizador por 25 minutos. ¿Por qué no abordar ese informe que está en tu escritorio o organizar tus correos electrónicos? Durante estos 25 minutos, concentrarse en el trabajo no solo es ideal, es necesario. No permitas distracciones y concéntrate como un rayo láser.

Paso: Trabaja Hasta que Suene el Temporizador

Mientras trabajas, podrías notar que mantener el compromiso no es tan difícil. Después de todo, estás dedicando un tiempo sólido e ininterrumpido. Un correo electrónico desconocido o un teléfono vibrando no arruinará tu flujo. ¡Es increíble cuánto puedes hacer cuando nada interrumpe tu ritmo!

Paso: Tómate un Descanso de 5 Minutos

¡Aquí viene la breve vacación que le prometiste a tu cerebro! Levántate y estírate, toma agua, o incluso mira por la ventana. Te has ganado este tiempo de descanso, no es necesario sentirte culpable al respecto. El objetivo es permitir que tu mente respire un poco.

Paso: Repite los Pasos 1-4

Mantenerse en el camino significa hacer varios Pomodoros seguidos. Sin embargo, después de cuatro series, querrás un descanso más prolongado, de unos 15-30 minutos. Es gratificante saber que los "resets" regulares ayudan a mantener tu energía a lo largo del día.

"Esta estructura no solo mejora la concentración, sino que también reduce los síntomas del agotamiento."

La participación importa. Sumergirte en este ciclo te permite mantener niveles altos de productividad. Además, el tic-tac del reloj sirve como un gran recordatorio para mantener un esfuerzo constante en la realización de tu trabajo, sabiendo que siempre hay un descanso cerca.

Pasando a la Práctica

¿Qué sucede si pierdo un Pomodoro por cualquier motivo? Simple; reajusta y sigue... No te estreses por perder x minutos, simplemente configura tu temporizador a 25 minutos nuevamente y reinicia. La vida está llena de pequeños contratiempos, y se trata más de consistencia que de reglas precisas.

Aplicación en Todas Partes

Desde las tareas escolares hasta las responsabilidades laborales, implementar esto puede cambiar tu forma de pensar. ¿No es menos intimidante ese deber de Matemáticas cuando se divide en partes manejables? Del mismo modo, trabajar en ese artículo parece menos imponente al saber que los descansos garantizan que no estás mirando fijamente la pantalla durante demasiado tiempo seguido.

Por qué Pomodoro Aleja el Agotamiento

Al dividir el trabajo en períodos cortos, creas límites claros que reducen la fatiga mental. No estás avanzando a través de horas interminables de tareas, sintiéndote totalmente agotado cuando llega la noche. La consistencia se vuelve divertida cuando se combina con ráfagas de esfuerzo recompensado.

Es increíblemente motivador: cada temporizador, una pequeña promesa de algo hecho y algo que te devuelves a ti mismo: un rápido estiramiento de piernas o un espacio limpio al que puedas regresar. Quizás sea un hábito que vale la pena cultivar... entre los horarios locos de la vida, estos pequeños consejos prometen mantener el enfoque y elevar el espíritu.

Prueba esto. Dales algunos días; observa si este método se convierte en tu enfoque confiable para enfrentar los desafíos diarios. A menudo, se trata de encontrar pequeñas estrategias que encajen perfectamente en tu rutina, marcando una diferencia notable con el tiempo. ¡Concéntrate y recompénsate en el camino!

Bloqueo de Tiempo para Maximizar la Productividad

Asignar franjas horarias específicas para las tareas es transformador, quiero decir, realmente hace que las cosas se muevan. Se trata de establecer límites en tu horario, asegurándote de que cada tarea o actividad tenga un tiempo de inicio y final definido. Imagina que tienes una presentación de trabajo próxima. Podrías asignar de 9 a 11 de la mañana para la investigación, de 11 de la mañana a 1 de la tarde para redactar, y de 2 a 4 de la tarde para finalizar las diapositivas. Básicamente, estás reservando tiempo dedicado para concentrarte en una tarea a la vez. ¡Mantiene tu mente en el camino correcto, ¿sabes?

La vida puede ser un torbellino... notificaciones de redes sociales, correos electrónicos, incluso esas tentadoras pausas para snacks pueden interrumpir tu flujo. Por eso es tan útil programar descansos sistemáticamente. Cuando planificas un descanso de 10 minutos cada hora, te da algo que esperar mientras mantienes a raya las distracciones. Cuando esos descansos establecidos se convierten en parte de tu rutina, ni siquiera Twitter y Facebook pueden desviarte del camino. Además, tu cerebro obtiene mini reinicios, lo que facilita mantener la productividad.

Y hablemos de equilibrio. Pasar horas atado a tu escritorio no es saludable ni divertido. Es fundamental equilibrar el trabajo y el tiempo personal, para que tu mente no se sienta demasiado agotada. Si bloqueas de 1 a 3 de la tarde para trabajo intenso, no dudes en programar tiempo para dar un paseo o un hobby de 3 a 4 de la tarde. Eso no es holgazanería; eso garantiza que estés en tu mejor momento tanto profesional como personalmente. Nunca subestimes cómo tomar un descanso puede realmente "recargar" tus circuitos mentales.

Vale, pasemos a un escenario práctico. Digamos que eres ingeniero. Estás trabajando en un gran proyecto que tiene múltiples facetas: análisis, programación, pruebas. Así es como puedes organizar tu semana:

- **Bloque de la Mañana:** Análisis y planificación, sin interrupciones. Este tiempo es tuyo, sin reuniones, sin llamadas.
- **Media Mañana:** Revisar el progreso con compañeros de equipo, obtener retroalimentación. Tiempo colaborativo.
- **Bloque de la Tarde:** Concentración, tiempo de codificación. Trabajo profundo sin distracciones.
- **Tarde:** Tiempo informal para finalizar, tareas pequeñas o relajación.

Identifica Prioridades

Primero, ¿qué necesita realmente tu atención hoy? Escríbelo. Las tareas con fechas límite deben ser anotadas como prioridades de primer nivel, esas tienen prioridad, naturalmente. "¿Qué debo lograr al final del día?"

Asigna Bloques de Tiempo

Basado en esas prioridades, establece franjas horarias dedicadas. Si escribir un informe debería tomar 2 horas, entonces ponlo en tu calendario, digamos, de 10 de la mañana al mediodía. Usa una agenda física, si te gusta esa sensación táctil, o una aplicación que te permita bloquear tiempo en tu calendario digital.

Programa Descansos

No saltes este paso. Utiliza los descansos como hitos en tu día. Estos pueden ser descansos de 5 minutos cada hora o un descanso más largo para almorzar a mediodía. Créeme, marca una gran diferencia.

Equilibrio y Flexibilidad

Las cosas no siempre saldrán como se planeó... y está bien. Permítete margen de maniobra con períodos de amortiguación entre las tareas principales. Si algo se alarga, no estarás inmediatamente atrasado.

La productividad, realmente, colorea una vida mejor para todos nosotros. No siempre se trata solo de terminar tareas, **también se trata de sentirse satisfecho cuando el trabajo está hecho.**

"Tu tiempo es como el agua: tomará la forma del recipiente en el que lo viertas."

Pon en práctica estos principios y te encantará ver tareas marcadas sin sentirte agotado, *y* te ganarás tiempo personal muy merecido. Pequeños ajustes, grandes recompensas, ¡eso es el bloqueo de tiempo para ti!

Matriz de Eisenhower para la Priorización

Entender cómo priorizar puede transformar cómo gestionamos nuestro tiempo. La **Matriz de Eisenhower**, nombrada en honor al Presidente Eisenhower, es una gran herramienta para esto. Divide las tareas en cuatro cuadrantes:

- Urgente e Importante
- No Urgente pero Importante
- Urgente pero no Importante
- No Urgente y no Importante

Comencemos por centrarnos en las tareas de alta prioridad primero. Estas caen directamente en el cuadrante de **Urgente e Importante**. Estas son las tareas que exigen atención inmediata porque impactan directamente en tus metas o bienestar. Por ejemplo, prepararse para una importante presentación en el trabajo para mañana, o tomar la medicación a tiempo. Estas deben estar en la parte superior de tu lista, salvándote del pánico de último minuto.

Continuando, tenemos las tareas de **No Urgente pero Importante**, cosas como planificar para el futuro, hacer ejercicio regularmente, o mantener un hobby. Estas tareas no gritan por atención ahora, pero son cruciales para el éxito y la felicidad a largo plazo. Lamentablemente, debido a que no son urgentes, a menudo se posponen. Para abordarlas, establece franjas horarias designadas. Si necesitas escribir un informe para fin de mes, asigna algún tiempo diario para ello, no esperes hasta la noche anterior al plazo.

A continuación, tenemos las tareas de **Urgente pero no Importante**. Estas son actividades que consumen tiempo y que pueden no agregar mucho valor a tu vida. Piensa en esos correos electrónicos inesperados pero de bajo impacto, mensajes o pequeñas solicitudes de colegas. ¿Una buena estrategia aquí? Delega esas tareas si puedes. Obtener ayuda de otra persona puede liberarte tiempo para asuntos más importantes.

Por último, las tareas de **No Urgente y no Importante** son las tareas "basura", seamos realistas, probablemente la maratón de series de televisión encaja aquí. No generan alegría ni ayudan a tu progreso. Se implacable... simplemente elimínalas o reduce significativamente su tiempo. En lugar de sumergirte en interminables desplazamientos por las redes sociales, dedica unos minutos extras a algo que disfrutes y que sea más significativo.

Aquí tienes un plan desglosado en pasos:

Paso 1: Enumera todas las tareas.

Escribe todo lo que necesitas hacer. No te preocupes por categorizar aún, solo deja todo salir.

Paso 2: Clasifícalas en cuadrantes.

Utiliza las cuatro categorías de la Matriz de Eisenhower. Esta parte puede llevar un poco de tiempo para pensar. Tareas como pagar facturas o terminar asignaciones van a Urgente e Importante. Aprender una nueva habilidad o desarrollar una rutina de ejercicios encaja en No Urgente pero Importante. Alguien que pide ayuda inmediata en una tarea no crítica podría caer en Urgente pero no Importante. Finalmente, navegar por ventas en línea podría ser No Urgente y no Importante.

Paso 3: Enfócate en las tareas de alta prioridad.

Mueve las tareas del cuadrante de Urgente e Importante a través de un plan claro. Asegúrate de incluirlas en tu agenda.

Paso 4: Programa actividades importantes pero no urgentes.

Dales bloques de tiempo sólidos en tu calendario. Hacer tiempo para ellas evitará que se conviertan en emergencias.

Paso 5: Delega o disminuye las tareas de baja prioridad.

Para cualquier cosa en la casilla de Urgente pero no Importante, ve si puedes delegarlas a otra persona. Automatiza procesos si es posible, haz que sean menos preocupantes.

Paso 6: Elimina distracciones.

Sé firme con lo que está en la casilla de No Urgente y no Importante. Elimina por completo estas tareas en algunos días o redúcelas drásticamente. Piensa en cómo pasas esos minutos libres.

Equilibrar las tareas puede parecer difícil, pero usar la **Matriz de Eisenhower** puede transformar tu gestión del tiempo. Establece prioridades, controla tu agenda y alcanza tus metas con menos dificultades.

"Lo importante rara vez es urgente y lo urgente rara vez es importante."

Ahí está, la esencia de mantener el control sobre tu tiempo y tareas, sin sentir que estás ahogándote en ellas. **Siempre prioriza con prudencia y deja ir esas distracciones.**

La Regla de los Dos Minutos para Abordar Tareas Pequeñas

Si hay algo que marca una gran diferencia en la vida cotidiana, es la comprensión de que las tareas pequeñas deben hacerse inmediatamente si tardan menos de dos minutos. Es simple pero poderoso. Muchas veces, estas tareas pequeñas, como responder a un correo electrónico, hacer una cita con el dentista o guardar tus zapatos, no toman mucho tiempo individualmente. Pero, enfrentémoslo, se acumulan rápidamente. Antes de que te des cuenta, esa lista que estás abordando se ha vuelto un poco demasiado intimidante.

Al adoptar esta regla de dos minutos, puedes reducir la procrastinación en estas tareas menores. Piénsalo: enfrentarse a una lista que constantemente tiene estos elementos fáciles de hacer pendientes puede resultar increíblemente abrumador. Es difícil ni siquiera saber por dónde empezar. Pero al completar las tareas justo cuando te encuentras con ellas (siempre que encajen en la ventana de dos minutos), te vuelves mucho más eficiente y te sientes menos cargado por ellas.

Verás, cuando decides que cualquier cosa que dure menos de dos minutos se hace de inmediato, notarás una reducción masiva en tu carga de trabajo general. Tendrás menos tareas tirando en la parte trasera de tu mente. Naturalmente, cuando estás menos ocupado mentalmente, puedes concentrarte mejor en tareas más complejas sin sentirte abrumado.

¿Ese correo electrónico en tu bandeja de entrada que pide una rápida confirmación? Réstale tres segundos, léelo y confirma. Tira la basura mientras pasas por el cubo... solo unos segundos de tu vida. Tu objetivo es **mantener tu lista de tareas manejable**. Nadie quiere una lista de cosas por hacer interminable llena de elementos que podrían haber sido fácilmente tachados horas, si no días, antes. Deja que esas tareas sencillas salgan de tu camino tan fácilmente como sea posible.

Confesaré que ha habido días en los que he pospuesto llamar para pedir una entrega de pizza de todas las cosas, ¡una pizzería en el marcador rápido, recuérdalo!, porque sentía que era demasiado esfuerzo. Pero con la regla de los dos minutos, esto no tiene por qué suceder. Marca el número, haz el pedido, cuelga. Y ahí está, hecho antes de que te des cuenta. ¡Adiós, tarea pequeña. ¡Nunca más te veré!

Siendo práctico aquí, **Identifica** tus tareas de menos de dos minutos tan pronto como aparezcan. Anota las que sigas notando que apenas toman tiempo. ¡Hazlo ahora mismo! No lo dejes para después. **Revisa**. Reflexiona regularmente sobre si más tareas necesitan ser agregadas a esta columna de dos minutos. Con el tiempo, esta práctica no requiere pensar, se vuelve automática, una segunda naturaleza.

Aquí hay una cita que enfatiza maravillosamente la acción sobre el pensamiento:

"La única forma de dar sentido al cambio es sumergirse en él, moverse con él y unirse a la danza."

¡La danza está en la sala de partos! Sé audaz con ella, aborda esas tareas cortas de inmediato y con frecuencia... Cada tarea completada con éxito mantiene tu carga de trabajo ligera. Tu lista de tareas se vuelve más ordenada y tu mente en paz.

Estrategias simples y prácticas, practicadas regularmente, marcan la diferencia. Tú estableces la rutina, la regla hace el trabajo. Terminas sintiéndote empoderado y con un mayor control.

Por pequeñas que sean las tareas de dos minutos, son importantes. Acábalo de inmediato, mantente alejado del desorden mental y disfruta de tu libertad para abordar aspectos más interesantes de la vida. Sigue así y nota el cambio.

Trabajo Profundo para Máxima Eficiencia

El trabajo profundo es la salsa secreta cuando quieres hacer las cosas sin complicaciones. Necesitas reservar tiempo sin interrupciones para trabajar de manera enfocada, donde puedas concentrarte en una tarea sin que un millón de cosas compitan por tu atención. Piénsalo como tallar una burbuja tranquila en tu día, un momento en el que solo estás tú y tu proyecto.

Comienza creando un espacio libre de distracciones. Apaga las notificaciones en tu teléfono, cierra todas las pestañas del navegador innecesarias y haz saber a todos a tu alrededor que estás en modo "trabajo profundo". De esta manera, no serás distraído por notificaciones o desplazamientos en redes sociales. Necesitas proteger este tiempo como si fuera tan importante como una reunión con tu jefe, porque realmente lo es.

También es crucial programar estos períodos de trabajo profundo en tu rutina diaria. No querrás dejar esto al azar o "hacerlo cuando puedas" porque entonces... probablemente no sucederá. Inclúyelo en tu calendario. Tal vez sea una hora por la mañana cuando tu mente está fresca, o una hora después del almuerzo cuando necesitas un descanso de las reuniones. Lo importante aquí es ser proactivo al respecto. Necesitas tener el control de tu horario, no al revés.

- **Define el Tiempo**

  Elige un bloque específico de tiempo cada día para el trabajo profundo. Ya sea de 9 a 11 AM o de 2 a 4 PM, la consistencia ayuda.

- **Prepara tu Entorno**

  Elimina las distracciones. Esto significa desde cerrar la puerta hasta poner tu teléfono en No Molestar.

- **Sé Intencional con tu Tiempo**

  Usa este tiempo para tus tareas más importantes, aquellas que requieren toda tu capacidad mental. Ya sea que estés trabajando en una gran presentación, escribiendo un informe o planeando un proyecto futuro, este es el momento para abordarlo.

- **Comunícalo**

Haz saber a tus colegas o familiares que no deben interrumpirte durante este tiempo. Coloca un letrero o envía un mensaje rápido.

Ahora hablemos de productividad... Cuando eliminas las distracciones, no solo completas las tareas más rápido, sino que también produces un trabajo de mayor calidad. Es como cambiar de piloto automático a superpiloto.

"Lo verdaderamente importante rara vez es urgente, y lo que es urgente rara vez es importante."

Esta mentalidad te ayudará a priorizar durante tus períodos de trabajo profundo. Es fácil quedarse atrapado en el modo de reacción, lidiando con cualquier problema que surja ese día. Pero el trabajo profundo te ayuda a avanzar en tus grandes objetivos, aquellos que hacen la diferencia.

Un gran beneficio que he notado es que el progreso que logras realmente *te motiva*. Comienzas a ver resultados, no solo trabajo ocupado. Terminas esbozos, finalizas informes y creas presentaciones convincentes. Es un progreso tangible.

Un ejemplo rápido: Si tienes una presentación próxima, utiliza tu tiempo de trabajo profundo para investigar, esquematizar y crear diapositivas sin interrupciones. Apaga el correo electrónico, desactiva temporalmente las cuentas de redes sociales y haz saber a tus colegas que estarás desconectado por un rato. Puede que te sorprenda cuánto logras en dos horas de trabajo enfocado en comparación con un día entero interrumpido por distracciones.

Considerar este tiempo como exclusivamente tuyo te devuelve poder a ti: tus metas, tu visión. Es mucho más valioso de lo que la gente piensa. Así que establece esos límites, reserva ese tiempo y realmente... adéntrate en ello. Se trata de hacer del trabajo profundo una parte innegociable de tu rutina. Es la ventaja que necesitas para alcanzar tus metas sin despeinarte.

¡Vamos a la Práctica!

Bien, prepárate, porque nos sumergimos directamente en un ejercicio práctico que dará vida a todos los conceptos del Capítulo 7. Equipado con estas herramientas, estarás gestionando tu tiempo como nunca antes. ¿Listo?

Paso 1: Identifica tus Tareas

Toma un trozo de papel o abre tu aplicación de notas favorita y anota todo lo que necesitas hacer. Incluye incluso las tareas más pequeñas, porque no dejaremos nada afuera.

Por ejemplo:

- Terminar la presentación para la reunión de mañana.
- Responder a los correos electrónicos pendientes.
- Investigar para el nuevo proyecto.
- Llamar a tu amigo para desearle un feliz cumpleaños.
- Organizar el escritorio desordenado.
- Arreglar pequeños errores en el proyecto.

Este paso ayuda a tener una imagen clara de lo que tienes por delante.

Paso 2: Prioriza con la Matriz de Eisenhower

En una hoja de papel nueva (o una nueva página en tu aplicación), dibuja una gran cruz para dividirla en cuatro cuadrantes. Etiquétalos:

- Urgente e Importante
- No Urgente pero Importante

- Urgente pero No Importante
- No Urgente y No Importante

Luego, clasifica tus tareas en estos cuadrantes. ¡Y sé honesto contigo mismo!

Por ejemplo:

- **Urgente e Importante:** Terminar la presentación, responder un correo electrónico de tu jefe.
- **No Urgente pero Importante:** Investigar para el nuevo proyecto.
- **Urgente pero No Importante:** Llamar a tu amigo.
- **No Urgente y No Importante:** Organizar tu escritorio desordenado.

Esto ayuda a que tu cerebro cambie las prioridades a lo que realmente importa.

Paso 3: Divide con la Técnica de Bloqueo de Tiempo

Ahora, mira tus tareas urgentes e importantes. Divide tu día (o el período de tiempo que tengas) en bloques donde te enfocarás en cada tarea principal.

Por ejemplo:

- 9:00-10:00 AM: Terminar la presentación.
- 10:00-10:30 AM: Descanso / Café.
- 10:30-11:30 AM: Responder todos los correos urgentes.
- 11:30-1:30 PM: Trabajo profundo - Investigar el nuevo proyecto.

¡Vamos! ¡Sabrás exactamente hacia dónde dirigir tu energía sin sentirte abrumado!

Paso 4: Utiliza la Técnica Pomodoro

¡Aquí es donde se pone divertido! Para tus tareas importantes, divide el tiempo en trozos más pequeños y manejables utilizando la Técnica Pomodoro. Establece un temporizador de **25 minutos** (un Pomodoro), trabaja en una tarea, luego toma un descanso de 5 minutos. Repite esto 4 veces y luego toma un descanso más largo de 15-30 minutos.

Ejemplo:

Si estás investigando para el nuevo proyecto de 11:30 AM a 1:30 PM, configura tu temporizador para 25 minutos de trabajo enfocado, luego descansa durante 5 minutos (toma un refrigerio, estírate o mira por la ventana). ¡Esto te mantiene fresco y alerta!

Paso 5: Implementa la Regla de los Dos Minutos

¿Tienes algunas tareas que solo llevan un par de minutos? ¡Aprovecha de inmediato si sabes que no llevarán más de dos minutos realizarlas!

Ejemplos:

- Enviar un correo electrónico de agradecimiento rápido: "Gracias por tu correo. Te responderé antes del final del día."
- Archivar ese documento que ha estado en tu escritorio.
- Revisar rápidamente la actualización del estado del proyecto de un compañero de trabajo.

Elimina estas tareas pequeñas rápidamente para mantener tu carga de trabajo más ligera y tu mente más clara.

Paso 6: Sumérgete en el Trabajo Profundo para una Máxima Eficiencia

Elige esa tarea importante y de alto impacto que te acercará más a tus objetivos (probablemente sacada del cuadrante de No Urgente pero Importante).

Aparta un tiempo de trabajo ininterrumpido (consulta tu plan de Bloqueo de Tiempo). Sin correos electrónicos, teléfonos o distracciones, solo. puro. enfoque.

Ejemplo:

Has destinado de manera específica de 11:30 AM a 1:30 PM para un trabajo profundo en la investigación del nuevo proyecto. Sumérgete. Cierra sesión en las redes sociales y cierra las pestañas innecesarias.

Créeme, esa sensación de inmersión vale la pena.

Paso 7: Revisa y Ajusta

Hacia el final de tu tiempo planificado, tómate unos momentos para revisar lo que has logrado.

- ¿Terminaste la presentación?
- ¿Respondiste a tus correos electrónicos?
- ¿Cómo va la investigación del proyecto?
- ¿Hay algo pendiente en tu cuadrante de No Urgente pero Importante?

Evaluar te ayuda a ver el progreso (lo cual se siente increíble) y ajustar tus planes si es necesario.

¡Ahí lo tienes! Pasos prácticos para dominar las técnicas del Capítulo 7, todos diseñados para optimizar tu carga de trabajo y maximizar la productividad. Disfruta del proceso de realmente hacer las cosas. Sigue repasando estos pasos y encontrarás un ritmo que funciona de maravilla. Después de todo, dominar la gestión del tiempo no se trata solo de trabajar más duro, sino de trabajar de manera más inteligente. ¡Feliz planificación!

Capítulo 8: Aplicaciones Prácticas en la Rutina Diaria

"Pequeñas mejoras diarias son la clave para resultados sorprendentes a largo plazo."

Este capítulo se trata de incorporar la **autodisciplina** en tus actividades cotidianas. ¿Alguna vez has sentido que mantener la consistencia es como escalar una montaña demasiado difícil? No estás solo. Exploraremos cómo **mantener la consistencia**, para que sea tan natural como cepillarte los dientes. También veremos cómo **monitorear tu progreso** y hacer esos pequeños ajustes que marcan la diferencia. Y aquí está la cereza en el pastel... ejemplos reales de superar obstáculos y estrategias para **celebrar esos pequeños logros y hitos**.

Solo imagina despertar cada día sintiéndote en la cima de tu juego, todo fluyendo sin esfuerzo... suena increíble, ¿verdad? El propósito de este capítulo es darte las claves para hacer que eso suceda. Ya sea para conquistar las tareas diarias o trabajar en metas personales más grandes, seguir un plan consistente puede transformar tu rutina.

A medida que sigas leyendo, te darás cuenta de que incluso los esfuerzos pequeños pueden llevar a grandes recompensas. Verás lo fácil que puede ser implementar estas estrategias y cosechar los beneficios emocionales y funcionales. ¿Listo para ver algo de **magia práctica** en tu rutina diaria? ¡Vamos a ello, la rica jornada te espera!

Implementación de la Autodisciplina en las Actividades Cotidianas

Implementar la autodisciplina en nuestra vida diaria implica algunos pasos muy prácticos que hacen que todo no solo sea posible, sino fluido. Todo comienza con saber **cómo priorizar tareas** para lograr la máxima eficiencia. A menudo tenemos cosas acumulándose, y se vuelve complicado cuando no sabemos qué abordar primero. ¿Un truco simple? Divide tus tareas en "urgentes" e "importantes". Los esfuerzos en tareas urgentes te ayudan a manejar las necesidades inmediatas, liberando tu tiempo para manejar las importantes sin pánico constante.

Establecer metas diarias claras y alcanzables también es monumental. Siéntate un poco cada mañana y anota lo que absolutamente debes hacer ese día. Haz claro cómo se ve el éxito, no te cargues demasiado, o saldrá mal. ¿Alguna vez has intentado subir una colina empinada cuando estás cansado? No es divertido. Dividir esas tareas en pequeños pasos hace que sea mucho menos aterrador.

Y hablando de tareas grandes... abrumador, ¿verdad? Piensa en limpiar el garaje. Comienza por un rincón, no todo el espacio. No apuntes a la perfección en un día; **hacer trozos y piezas** da una sensación de avance. Ves progreso con cada pequeño paso dado en una tarea enorme.

Por ejemplo:

- Limpia un estante en el armario en lugar de todo el armario.
- Escribe una página de ese largo informe que estás evitando en lugar de insistir en terminarlo.
- Dedica diez minutos a organizar un cajón en lugar de toda una oficina desordenada.

De esta manera, tu esfuerzo se multiplica, haciendo que las tareas grandes no sean tan grandes. Además, es absolutamente esencial apreciar la naturaleza humana básica aquí: **progreso = motivación**.

Aquí hay algunos consejos adicionales para mantener las cosas funcionando sin problemas:

- **Comienza Tranquilo en la Mañana:** Evita tu teléfono o correo electrónico en la primera hora después de despertarte. Es tu hora dorada: úsala para establecer tu estado de ánimo para el día.
- **Una Cosa a la Vez:** Hacer varias cosas suena bien, pero a menudo conduce a resultados mediocres y a sentirte abrumado. Concéntrate completamente en una tarea, termínala, pasa a la siguiente.
- **Tómate Descansos:** Date permiso para tomar cortos descansos. No es perder tiempo, es asegurar un trabajo de calidad cuando tu cerebro descansa.

Pero ¿cómo seguir realmente con planes difíciles? Aquí tienes un proceso paso a paso confiable para clavar la autodisciplina en las actividades diarias:

- **Creación de Lista de Tareas**

  Escribe todo lo que necesitas hacer, cuanto más detallado, mejor.

- **Prioriza Tareas**

  Decide qué es urgente (plazos apremiantes) y qué es importante pero no urgente. Concéntrate en lo que es ambos en la parte superior.

- **Divide en Pedazos**

Ningún paso debería tomar más de una hora sin un breve descanso en medio. Divídelos en trozos más pequeños si es necesario (como, realmente pequeños).

- **Planifícalo**

  Asigna tiempo para cada tarea en el día; la planificación visual en un calendario ayuda a evitar la sobrecarga.

- **Comprométete**

  Táchalas una por una. No te atormentes pensando demasiado. Salta a cada tarea, totalmente absorto.

"Pequeñas mejoras diarias son la clave para resultados a largo plazo sorprendentes."

¡Y Voilà! Te das cuenta de que seguir esta práctica significa no solo terminar las cosas, sino sentirte realmente descansado al final del día. La autodisciplina suena gigantesca, como si necesitaras ser un monje o una leyenda para seguirla, francamente, tonterías. Se reduce a actos persistentes y pequeños de ser un poco organizado, tú lo controlas por completo. Aleja esas dudas cíclicas porque, honestamente: el cuidado personal en la planificación de actividades diarias elimina casi todo el estrés periódico. Y siempre añade un poco de gratitud por lo que completes.

Técnicas para Mantener la Consistencia

Establecer una rutina para las actividades diarias puede parecer un poco intimidante al principio, pero créeme, es como darte una base sólida. Piénsalo de esta manera: al crear un horario, gastas menos energía decidiendo qué sigue. En lugar de eso, simplemente te deslizas de una actividad planificada a otra. Un poco como saber que tus zapatos favoritos están justo ahí al lado de la puerta, ¿verdad? Simplemente los tomas y te vas.

Por ejemplo, comienza trazando las tareas diarias esenciales: despertar, cepillarse los dientes, hacer la cama, y así sucesivamente. Haz que estas sean rituales no negociables, casi automáticos. Verlos como parte de "simplemente lo que haces" hace que sean menos una carga y más un hábito que encaja perfectamente en tu día. **Consejo profesional: Haz tu cama tan pronto como te levantes.** Establece un tono de logro desde el principio.

Ahora, añade un poco de tecnología a esto: usa recordatorios y alarmas para mantenerte en el camino correcto. Todos llevan un teléfono en el bolsillo en estos días, ¿por qué no hacerlo funcionar para ti? Establece horarios específicos para actividades críticas: una alarma para el almuerzo, un recordatorio para estirar, un zumbido para tu entrenamiento nocturno. Te evita divagar durante el día.

¿Sientes que realmente te cuesta seguir adelante? Divídelo en partes manejables. Concéntrate en llegar de la mañana al mediodía, premiándote con un merecido descanso. A veces es reconfortante saber que hay un punto final, incluso si es a corto plazo.

Hablando de recompensas... ¡recompénsate por cumplir el plan! Esto es algo que a menudo se pasa por alto pero es tan crítico. **El refuerzo positivo es un combustible más feliz para tu cerebro.** Termina tu semana con un regalo, ya sea un nuevo libro, una comida especial, o incluso unos minutos extras de un pasatiempo relajante. Un simple "¡Woo, voy yo!" a veces puede ser la mejor motivación. Una breve cita para tener siempre en mente es:

La victoria más pequeña es mejor que la mayor intención.

Pequeñas recompensas incrementales trazan metas más grandes en trozos alcanzables. Las pequeñas recompensas regulares pueden hacer maravillas. Esa sensación cuando alcanzas ese objetivo diario...disfrútala, deja que nutra tu compromiso.

Unamos todo esto –

- **Consejos para Crear Rutinas:**
  - ○ Identifica las tareas diarias fundamentales y conviértelas en hábitos automáticos.
  - ○ Cumple con horarios de inicio y fin razonables.
- **Éxitos al Establecer Recordatorios:**
  - ○ Alarma del teléfono: "¡Arriba y a por ellos!"
  - ○ Recordatorios para actividades específicas.
- **Consejo Profesional sobre Recompensas:**
  - ○ Mantén un frasco de recompensas. Planifica con anticipación todos los pequeños detalles de cuidado personal.

Crear estructura ayuda a integrar comportamientos positivos en tu rutina habitual. A través de pruebas, pequeños logros fortalecen tu camino hacia metas más grandes. Pasos simples, recordatorios claros y una felicitación aquí y allá... ¡Ese ciclo fluido podría ser tu nuevo mejor compañero! El poder de rutinas tangibles con interrupciones encantadoras te mantendrá cargado y listo para seguir adelante. Así que...ponlos en práctica, poco a poco, hasta que sean una parte sencilla de tu día. No te apresures...solo sé constante.

Seguimiento del Progreso y Hacer Ajustes

Revisar cómo van las cosas... eso es simplemente sentido común, ¿verdad? Al esforzarse por algo importante, mantenerse al tanto de tu progreso te da una imagen clara de lo que funciona y lo que no. Puedes pensar en ello como afinar una guitarra: unos pequeños ajustes pueden convertir el ruido en música hermosa.

Por ejemplo, comienza por revisar regularmente tu progreso. Imagina dedicar tiempo cada semana para sentarte contigo mismo (quizás con una taza de té o café) y reflexionar. Observa lo que se ha logrado versus lo que aún está pendiente. Esto no es un ejercicio de ser severo, tales reflexiones a menudo señalan áreas que necesitan ajustes sin alterarse demasiado. Pregúntate gentilmente: "¿Fue productiva esta semana? ¿Enfrenté algún obstáculo inesperado?" Esta humilde autoevaluación ayuda a poner las cosas en orden.

En medio de estas reflexiones, podrías notar algunos obstáculos. ¿Adivina qué? Esto es una señal de que algo no está del todo bien y necesita un cambio de estrategia. Es como cuando estás leyendo un libro pero no puedes seguir la historia; retroceder unas páginas podría ayudar a entender. De manera similar, si una táctica no funcionó, cámbiala por otra que se sienta más natural o 'tú'.

También es bueno establecer revisiones periódicas. Mientras que las revisiones diarias pueden ser demasiado, y las mensuales podrían ser muy distantes, apunta a algo intermedio. Cada dos semanas suena equilibrado. Estas pequeñas revisiones mantienen tus metas frescas en tu mente y ajustan el enfoque sin resultar abrumadoras. Alinear dónde has estado y notar la desviación de lo planeado te ayuda a mantenerte en el rumbo.

En el lado práctico... desglosemos en pasos.

- **Sesiones de Autoevaluación**

    Dedica un bloque consistente de tiempo cada semana, digamos, 30 minutos, para revisar tus metas y logros. Hazte preguntas directas como, "¿Mis acciones esta semana me acercaron a mi objetivo?" Ser honesto de esa manera arroja luz sobre la efectividad.

- **Ajustes de Estrategia**

    Una vez que tengas tus reflexiones semanales claras, el siguiente paso incluye revisar los métodos. Estate alerta a lo que está funcionando. ¿Quizás te das cuenta de que caminar 20 minutos después de la cena funcionó eficientemente, pero levantarse para correr... no tanto? Esta percepción es oro. Ajusta tu enfoque donde sea necesario, eso es adaptar estrategias basadas en lo que te funciona mejor.

- **Revisiones Bi-Semanales**

  Prepárate para estas sesiones ligeramente más extensas cada dos semanas para mirar el panorama general. Si las revisiones semanales son tu brújula, estas rondas quincenales son tu observador de estrellas, orientando trayectorias más amplias. Ancla algunas preguntas como, "¿Estoy en el camino correcto? ¿Estos pequeños ajustes están marcando la diferencia?" Quieres que estas reuniones equilibren la reflexión con la actualización estratégica.

- **Utiliza Bucles de Retroalimentación**

  Crear bucles de retroalimentación también puede ayudar. Si llevas un seguimiento para la autorreflexión y el progreso, los ajustes en tiempo real se vuelven más sencillos. Piensa en pequeños rastreadores de hábitos o un diario junto a tu mesita de noche. Fomentar pequeñas mejoras basadas en una retroalimentación real asegura un impulso constante.

Aquí hay algo que vale la pena reflexionar:

"Encontrar lo que funciona requiere que aceptes que quizás no lo hagas bien la primera vez... sigue experimentando hasta que lo logres."

En general, cualquier método aplicado también debería sazonar tus comprobaciones de realidad. El objetivo principal debería centrarse en la autoconciencia. La evaluación regular y los ajustes a menudo revelan caminos más suaves. Además, este proceso trae claramente una máxima claridad sobre lo que haces.

Piensa de manera variable, ajusta pacientemente esas pequeñas cuerdas a menudo, y muy pronto, podrías tocar melodías extraordinarias en la búsqueda de esos objetivos. La **autodisciplina** se trata de perfeccionar esos hábitos en cada paso, y el seguimiento ajusta cada nota de manera correcta.

Ejemplos de Superar Obstáculos

Piensa en las distracciones cotidianas, oh, sabes de lo que estoy hablando. Teléfonos, redes sociales, videos graciosos de gatos que aparecen. Todas estas cosas pueden descarrilar tu progreso más rápido que cualquier otra cosa. Puede parecer una pequeña pérdida de tiempo, pero estas distracciones se suman. Por lo tanto, es bastante crucial identificarlas y luego eliminarlas. Imagina configurar tu teléfono en modo no molestar, o mejor aún, ponerlo en otra habitación mientras trabajas. Otra buena idea es usar aplicaciones diseñadas para ayudarte a mantener la concentración. Estas eliminan la tentación de revisar mensajes o notificaciones.

Podrías enfrentar contratiempos, no importa cuán preparado creas que estás. Los planes no siempre salen bien, ¿verdad? Cuando no lo hacen, es esencial tener estrategias para manejar los contratiempos. Retrocede, respira y mira qué salió mal, no para castigarte, sino para ver qué se puede mejorar para la próxima vez. Es como un juego, aprendes mejores movimientos a medida que entiendes mejor el juego.

- **Reflexiona con calma**. Afronta el contratiempo y míralo de forma no emocional (en la medida de lo posible). ¿Hubo un punto específico donde las cosas empezaron a tambalearse?
- **Piensa en soluciones, no en problemas**. En lugar de enfocarte en el error, céntrate en cómo corregirlo. Pregúntate, "¿Qué puedo hacer diferente?" Es mucho más constructivo.
- **Escribe un plan de respaldo**. Para prácticamente cualquier objetivo, puedes tener un plan B listo para usar. Esto puede convertir lo que parece un obstáculo enorme en un pequeño bache en el camino.

Otro aspecto significativo—**busca apoyo de amigos o mentores**. Tener a alguien que te respalde realmente puede cambiar las cosas. Cuando los desafíos se vuelven demasiado grandes, hablar con alguien que tenga habilidad para ofrecer buenos consejos o un hombro amable puede ayudar mucho. Tal vez hayan pasado por situaciones similares y tengan ideas útiles. Los mentores, en particular, pueden guiarte ya que a menudo han "estado allí, hecho eso". Escuchar a alguien animándote puede elevar tu moral más de lo que crees.

"No es que sea tan inteligente, es que me quedo con los problemas por más tiempo."

Dicho esto... destaquemos algunos pasos específicos:

- **Identificación**: Reconoce quiénes son tus fuentes de apoyo. Amigos, familiares y mentores son más que solo animadores. Tienen perspectivas y sabiduría que no tienen precio.
- **Buscar ayuda**: No seas tímido al pedir apoyo. Mensajes simples como, "Oye, ¿podemos hablar?" o "He llegado a un callejón sin salida" pueden abrir la puerta a conversaciones útiles.
- **Aplicación**: Cuando recibas consejos, no solo asientas con la cabeza. Aplícalos. Te sorprenderá cómo un pequeño cambio recomendado por un amigo puede tener un gran impacto.

El espacio para respirar también importa. No hay nada malo en sentirse abrumado; le sucede a todos. A veces, hacer una pausa, incluso por 10 minutos para reunir tus pensamientos, puede hacer maravillas. Simplemente permite un sentido de tranquilidad, aunque sea un poco, para que las soluciones lleguen a ti. Descubrirás que, con disciplina simple, tu ajetreo diario puede ser más fluido.

Por último, la actitud general cuenta mucho. Se trata de alinear tu mentalidad hacia el crecimiento y la paciencia. Claro, mantenerse enfocado y reducir el estrés suena básico, pero son tus defensas contra los obstáculos de cada día.

En resumen, con estos trucos en la manga, atravesar los obstáculos puede convertirse más en una rutina que en una lucha.

Celebrando Pequeñas Victorias y Hitos

Cuando se trata de autodisciplina, reconocer logros, sin importar el tamaño, es esencial. Los pequeños pasos que das cada día para alcanzar tus objetivos forman la base de tus éxitos más grandes. Ya sea terminar un entrenamiento, completar una parte de un proyecto, o incluso levantarte temprano de la cama—estos son tus logros. Tómate un momento para reconocerlos. Darte palmaditas en la espalda puede parecer insignificante, pero es muy importante para mantener el impulso y la motivación. Las pequeñas victorias te mantienen avanzando.

Considera **usar un sistema de recompensas**. No tiene que ser extravagante; de hecho, lo simple suele ser mejor. ¿Has leído diez páginas de ese libro que tenías pensado empezar? Disfruta de un trozo de tu chocolate favorito. ¿Completaste las tareas del día? Mira un episodio de tu serie favorita. Al vincular estas alegrías a tus esfuerzos, crearás asociaciones positivas con los logros. Se trata de darte ese empujón extra para seguir adelante.

Piensa en atrás—es fácil perder de vista lo lejos que has llegado. **Reflexionar sobre tu progreso realmente puede aumentar tu confianza**. Lleva un diario, anotando las tareas que has completado cada día. He descubierto que al mirar mis notas, ver los logros diarios reunidos, crea una imagen bastante impresionante del progreso. Claro, a veces el avance es sutil, pero está ahí. Estas pequeñas victorias se acumulan y se convierten en hitos más grandes—coincidiendo con logros mayores.

Hablemos de una forma práctica de integrar esto en tu vida diaria. Aquí tienes un **proceso paso a paso**.

- **Reconoce Cada Logro Durante Tu Día**

  Puede ser algo tan simple como, "Completé la mitad de mi lista de pendientes hoy." (¿Bebiste suficiente agua? ¿Respondiste dos correos más?) Observa estos momentos.

- **Implementa un Sistema de Recompensas Simple**

  Piensa en pequeñas recompensas que te hagan feliz. (No te estás dando unas vacaciones por hacer la colada—pero tal vez un descanso de 10 minutos con un buen libro.) Planifica estas pequeñas recompensas con antelación para mantener tu ánimo alto.

- **Reflexiona Sobre Tu Progreso Regularmente**

  Dedica unos minutos cada noche para reflexionar sobre lo que has logrado durante el día. Usa un diario o una aplicación, algo fácil para anotar pensamientos rápidos. Incluso viñetas pueden ser excepcionalmente reveladoras. ¿Qué funcionó? ¿De qué te sentiste orgulloso hoy?

- **Celebra Hitos Más Grandes**

  Eventualmente, tus logros más pequeños llevarán a completar tareas más grandes. Celebra estos con recompensas más grandes—una cena fuera, una excursión de un día, o regalándote algo que has querido por un tiempo. Reconocer estos hitos ayuda a solidificar aún más los esfuerzos que has hecho para alcanzarlos.

Aquí tienes un pensamiento simple pero profundo para recordar en estos momentos:

"Un viaje de mil millas comienza con un solo paso."

Incorpora afirmaciones positivas en medio de tus reflexiones cotidianas—en pequeños comentarios como "Hey, hoy lo hiciste genial," o "No fue fácil, pero lo logré." El diálogo interno positivo es crucial; refuerza sutilmente tu propia creencia en tus capacidades.

Al celebrar y reconocer avances incrementales, **creas un ciclo de positividad y motivación**. Cada mini-celebración, como palabras amables hacia ti mismo, estos momentos ligeros y alegres te impulsan hacia adelante. El progreso, por pequeño que sea, siempre es progreso que te acerca más a tus metas. Cada paso cuenta.

¡Vamos a ser prácticos!

Bien, lectores, agarren sus cinturones de herramientas metafóricos porque es hora de poner en práctica algo de disciplina positiva, con el Capítulo 8 guiándonos en cada paso del camino. Tejeremos esto en nuestras rutinas diarias, fortaleceremos la consistencia, revisaremos nuestro progreso, enfrentaremos desafíos y nos daremos palmaditas (figurativamente) por pequeñas victorias. ¿Listos? Vamos al grano.

Paso 1: Identifica una tarea diaria para mejorar

Piensa en tus actividades diarias. ¿Hay algo en lo que te cuesta mantener la disciplina? Puede ser tan sencillo como levantarte a una hora consistente o tan específico como hacer tu cama. Selecciona una tarea práctica donde crees que la disciplina podría brillar realmente. Por ejemplo, decides mantener organizado tu espacio de trabajo todos los días.

Paso 2: Establece un objetivo pequeño y alcanzable

Divide esa tarea en un objetivo más pequeño y manejable. Considera hacer tu cama, es un compromiso de cinco minutos. Si se trata de organizar tu espacio de trabajo, comprométete a 10-15 minutos de orden al final de cada día. Nos estamos preparando para el éxito sin sentirnos abrumados.

Paso 3: Crea una rutina simple

Haz que esta tarea sea parte de tu rutina diaria. Asigna un momento específico para ello, justo después de despertarte o antes de ir a dormir, por ejemplo. Digamos que te comprometes a organizar tu espacio de trabajo justo antes de la cena. Asociar la tarea con un momento específico ayuda a mantener la consistencia.

Paso 4: Monitorea tu progreso

Lleva un pequeño cuaderno, ya sea físico o digital, donde anotes una nota simple cada día cuando completes tu tarea. Algo como "Espacio de trabajo organizado hoy" con la fecha. Es un seguimiento claro y, créeme, ver esas notas consecutivas es muy motivador.

Paso 5: Enfrenta y adapta a los obstáculos

Enfrentarás obstáculos. Quizás una tarde llegas tarde a una salida nocturna y se te pasa por alto organizar tu espacio de trabajo. Incluso los planes mejor trazados pueden tambalearse; lo importante es tu respuesta. No te castigues; en cambio, reconoce que es una desviación y retoma el rumbo al día siguiente. Fortalecer la fuerza de voluntad implica comprender que los tropiezos suceden pero el compromiso se mantiene firme.

Paso 6: Celebra pequeñas victorias

Cada vez que alcances 7 días manteniendo tu plan, haz algo agradable para ti. Disfruta de un episodio extra de tu programa favorito o permítete cinco minutos adicionales de tu actividad de relajación preferida. Reconocer estos logros aumenta tu moral y se traduce en más motivación.

Paso 7: Aumenta gradualmente el desafío

Cuando estés alcanzando tus pequeños objetivos con confianza y se sienta habitual, piensa en expandir o añadir otra tarea. Tal vez después de mantener un espacio de trabajo ordenado de manera confiable, decidas incorporar 5 minutos de estiramiento cada mañana. Los mismos pasos se aplican: objetivos pequeños y alcanzables integrados en tu rutina.

Aunque es personal, sigue este hilo y sigue ajustando: añadiendo actividades, haciendo un seguimiento, superando deslices y premiándote a ti mismo. Con el tiempo, estos hábitos se acumulan, extendiendo tu disciplina en otras áreas de la vida. Cada progreso te hace un poco más fuerte.

Este paso a paso no crea cambios dramáticos de la noche a la mañana, pero se enfoca en tu ritmo diario, consistencia, ajustes menores y disfrutar de pequeñas victorias. Ajusta según tus dinámicas y mantén el viaje gratificante, moldeándolo y siendo un poco más motivador.

Capítulo 9: Logrando Resultados Duraderos a Través de la Disciplina

"La disciplina es el puente entre las metas y el logro."

Entonces, ¿por qué es tan crucial la disciplina a largo plazo? Piénsalo: ¿cuántas veces has empezado algo con entusiasmo, solo para perder fuerza a mitad de camino? Ahí es donde entra en juego este capítulo. Exploraremos cómo **mantener la motivación** viva con el tiempo, practicar la mejora continua (sí, incluso cuando se siente difícil), y equilibrar el esfuerzo con el descanso necesario para el éxito a largo plazo.

¿Alguna vez te has preguntado por qué algunas personas siempre parecen obtener resultados mientras que otros se desvanecen? No se trata solo de trabajar duro, sino también de trabajar de manera inteligente. **Sostener la motivación** es un aspecto clave. Encontrarás consejos para mantenerte motivado mucho después de que la emoción inicial se desvanezca. Además, hablaremos de *Kaizen*, un principio que descompone tareas gigantes en pequeñas partes manejables para una mejora continua, suena bastante genial, ¿verdad?

Pero espera, no todo es esfuerzo. Hablaremos sobre el arte de equilibrar el **descanso y el esfuerzo**, porque quemarse no beneficia a nadie (¿te suena familiar presionar el botón de repetición de la alarma demasiado seguido?). ¿Otro punto destacado? **Auto-disciplina**—no solo en el trabajo, sino en todas las áreas de tu vida. Créeme, vale la pena.

Y finalmente, la reflexión y la planificación te ayudarán a trazar futuros caminos. ¿Listo para transformar tu rutina?

Mantener la motivación a largo plazo

Bien, mantener la motivación a lo largo del camino... no es pan comido, pero definitivamente se puede lograr con algunas estrategias sólidas. El truco es *establecer metas claras y alcanzables*. Podrías pensar en ello como tener objetivos específicos y tangibles a los que realmente puedas apuntar. Cuando tus metas son vagas o demasiado ambiciosas, es fácil perder el impulso porque no puedes ver la meta. Por ejemplo, en lugar de decir "Quiero ponerme en forma", podrías establecer una meta como "Quiero correr una milla en ocho minutos en dos meses". Hay una gran diferencia entre esas dos, ¿no crees?

Seguir el progreso, aunque no lo creas, marca una gran diferencia. Te sorprendería lo motivador que puede ser ver tu propio progreso, aunque sea solo un poco a la vez. Un diario, una hoja de cálculo, incluso un pizarrón, cualquier cosa realmente, se puede utilizar para registrar tus logros. Por ejemplo, alguien aprendiendo a tocar la guitarra. Cada vez que logran un acorde, eso es progreso. Anotarlo en algún lugar lo convierte en una victoria pequeña pero significativa. Además, esos pequeños registros te mantienen en el camino, mostrándote lo lejos que has llegado.

Hablando de victorias, es crucial *celebrar los pequeños logros*. Sí, esos hitos menores también necesitan un poco de atención. ¿Lograste correr un kilómetro sin parar? ¡Increíble! Tal vez date un gusto con tu snack favorito o un baño relajante. Premiarte por pequeños pasos hace que todo el proceso se sienta más gratificante y menos pesado.

"El éxito es la suma de pequeños esfuerzos, repetidos día tras día."

Acciones simples y consistentes se acumulan con el tiempo, llevando a resultados significativos. (Por supuesto, la consistencia misma se basa en metas claras y revisiones periódicas).

También está bien si la motivación baja de vez en cuando. No seas muy duro contigo mismo si llega un día difícil. Se trata de progreso, no de perfección. Perder un día en tu seguimiento o desviarte momentáneamente de una meta no es el fin del mundo. Solo trata de no dejar que esas caídas ocasionales se conviertan en hábitos. Tuve un amigo que estaba trabajando en escribir una novela, y créeme, la clave no eran solo los grandes fines de semana de maratón de escritura, eran esos pequeños bloques de escritura consistentes hechos casi a diario.

Existen pasos prácticos para lograr esa consistencia:

- **Crear Recordatorios Visibles**

  Coloca carteles, notas adhesivas o mensajes que te recuerden mantenerte en el camino. Un recordatorio en tu nevera que diga "Tú puedes, un paso a la vez" puede sonar cursi, pero estas señales visibles realmente pueden mantenerte en el rumbo.

- **Únete a una Comunidad o Grupo de Apoyo**

  Esto podría ser un club local, un foro en línea o simplemente un grupo de amigos. Compartir metas, progreso, desafíos, tener a otros que te animen, puede brindar el estímulo necesario. La responsabilidad social hace maravillas.

- **Programar Revisiones Regulares**

  Una vez por semana, o incluso mensualmente, tómate un tiempo para evaluar tu situación. Reflexiona sobre lo que salió bien, lo que no, y ajusta tus metas y estrategias en consecuencia. Tal vez correr todos los días no está permitiendo suficiente tiempo de recuperación, ajusta ese plan para incluir descanso.

Mantén el proceso interesante probando nuevos enfoques. Si un método no te motiva, quizás otro sí lo haga. Cambia una carrera matutina por nadar, intercambia una meta de escritura de 10 páginas por una meta de conteo de palabras, y así sucesivamente.

Como dije, la motivación no es constante. El objetivo es establecer un sistema que mantenga esos motores de motivación funcionando más a menudo que no. A veces, pequeños ajustes marcan la mayor diferencia en cómo mantenemos nuestro impulso.

Así que aguanta ahí—¿esos pasos anteriores? Son victorias garantizadas que resultan en mantener la motivación.

Abrazando la Mejora Continua (Kaizen)

Exploremos el concepto de implementar cambios pequeños e incrementales... A menudo son como sembrar semillas que gradualmente crecen hasta convertirse en árboles imponentes. Pequeños ajustes en los hábitos diarios pueden llevar a un éxito más sostenible a largo plazo. En lugar de asumir cambios masivos de una sola vez, lo cual puede resultar abrumador, podrías ajustar una cosa simple a la vez. Por ejemplo, intenta leer diez páginas al día en lugar de planear terminar un libro entero en un fin de semana. Esto no solo hace que la tarea sea manejable, sino que también establece un patrón de consistencia.

Fomentar una mentalidad de crecimiento es esencial aquí. Piénsalo—el esfuerzo y la perseverancia se convierten en escalones en lugar de obstáculos. Una mentalidad de crecimiento significa ver los desafíos como oportunidades para aprender y mejorar en lugar de obstáculos para evitar. Toma a Jane, quien inicialmente tuvo dificultades con hablar en público. En lugar de ver sus nervios como un fracaso, ella aprovechó cada oportunidad para hablar en entornos más pequeños. Ella veía cada oportunidad como una forma de mejorar. Con el tiempo, y con pasos pequeños consistentes, su confianza se disparó. Regularmente revisaba su progreso, tomaba nota de áreas de mejora y gradualmente ampliaba su zona de confort.

También es importante seguir revisando y ajustando estrategias. Toma a Mark; él quería aumentar su productividad en el trabajo. Al principio, intentó abordar sus tareas más complicadas de una sola vez y terminó agotado. Entonces, Mark evaluó lo que funcionaba y lo que no. Luego implementó otro cambio pequeño —dividir las tareas en fragmentos aún más pequeños, enfocándose en completar solo un fragmento. Gracias a este proceso iterativo, Mark encontró un equilibrio que mejoró enormemente su eficiencia sin el estrés.

Cambios pequeños, mentalidad de crecimiento—entendido. ¿Pero cómo decidimos los pasos a seguir? Aquí tienes un método práctico que podrías aplicar:

- **Identificar un Área a Mejorar**

  Redúcelo a algo específico. En lugar de solo "ser más saludable", concéntrate en un objetivo preciso como beber más agua o dar paseos diarios.

- **Implementar un Cambio Pequeño**

  Para el objetivo de beber más agua, comienza con un vaso extra de agua cada mañana. O, si buscas los paseos diarios, prueba con un paseo de cinco minutos después del almuerzo. El objetivo es hacer el cambio lo suficientemente pequeño como para que sea alcanzable sin cambios drásticos en las rutinas existentes.

- **Medir y Reflexionar**

Establece alguna forma de medición—quizás un simple diario para seguir el progreso. Anota cuánta agua estás bebiendo o con qué frecuencia sales a caminar.

- **Revisar y Planificar el Próximo Paso Pequeño**

Después de un par de semanas, revisa tu progreso. ¿Te has adaptado cómodamente al cambio pequeño? Si es así, introduce otro paso pequeño—quizás agregar otro vaso de agua por la noche o extender tu paseo por otros cinco minutos.

"Ajustar y refinar constantemente las estrategias ayuda a mantenerse en el curso y adaptarse a los nuevos desafíos."

Para que todos estos procesos sean impactantes, aquí tienes algunas pautas:

- **Sé Paciente:** El progreso puede parecer lento, pero pasos pequeños y consistentes a menudo producen un cambio duradero.
- **Sé Amable contigo Mismo:** Los contratiempos son inevitables, pero en lugar de verlos como fracasos, considéralos como oportunidades para recalibrar. Cada esfuerzo pequeño cuenta.
- **Combina Estrategias:** A veces, combinar cambios pequeños con elementos de otros métodos de mejora puede aumentar significativamente los resultados. Personaliza según lo que funcione mejor para ti.

Entonces, a medida que avanzas con este sistema, mantén la flexibilidad en mente. Ajusta cuando sea necesario y siempre celebra las pequeñas victorias. La constante búsqueda de mejorar estos procesos es la clave. Pequeños pasos, cuando se aplican consistentemente, te llevarán lejos—mucho más que esfuerzos esporádicos. Piénsalo como un viaje continuo de logros en capas, contribuyendo hacia un cambio duradero e impactante.

Equilibrar el Descanso y el Esfuerzo para la Longevidad.

Equilibrar el descanso y el esfuerzo puede parecer un consejo básico, pero es uno de los pilares para mantener la disciplina a largo plazo. Ya que exagerar puede llevar rápidamente al agotamiento, adoptar una rutina sostenible con descansos incorporados es esencial.

Programar descansos regulares puede revitalizar el enfoque y mantener viva la motivación. Piénsalo como intervalos mientras corres. Necesitas segmentos más cortos, descansar para recuperar el aliento, luego otra carrera... repetir. Estudios (como la técnica Pomodoro) sugieren trabajar durante aproximadamente 25 minutos, luego tomar un descanso de cinco minutos. Este patrón ayuda a mantener niveles de energía fresca.

Priorizar el sueño y la recuperación es otro aspecto clave. Es tentador, especialmente con plazos ajustados, dormir poco, pensando que puedes "superarlo". Sin embargo, esto suele salir mal. Menos sueño afecta el juicio, altera el estado de ánimo y reduce la productividad. Eso no significa simplemente acostarse temprano; se trata de calidad de sueño. Crea una rutina nocturna relajante: baja las luces, lee un libro y evita las pantallas una hora antes de acostarte. Rutinas simples pueden mejorar drásticamente la calidad del sueño, y la diferencia en el rendimiento diario será notable.

Equilibrar los esfuerzos requiere un camino intermedio. Demasiada intensidad sin descansos no es sostenible. *Practicar la moderación* implica establecer metas alcanzables y abordarlas poco a poco. Una trampa en la que muchos caen es pensar en "todo o nada": si no se alcanza una meta, la gente piensa que ha fracasado por completo. La disciplina no se trata de perfección; se trata de consistencia y progreso. Establece una contribución diaria base que sea manejable, incluso en los días más difíciles. Por ejemplo, si tu objetivo es hacer ejercicio y no puedes encajar tu hora habitual, un estiramiento de 10 minutos puede ser igual de efectivo para mantener el impulso. Mantener las cosas moderadas significa que no te excederás y no perderás el deseo prematuramente.

El agotamiento... llega sigilosamente. Puedes disfrutar de lo que estás haciendo hasta que, un día, te despiertas temiendo hacerlo. Es esencial entrelazar pausas tranquilas entre los esfuerzos. ¿Una nota personal? Solía asumir tantos proyectos a la vez, emocionado con la ambición, que no olí el humo del agotamiento hasta que estaba hasta el cuello en llamas. Lección aprendida: retrocede ocasionalmente. Deja que tu cerebro se recalibre.

"No puedes verter de una taza vacía."

Esta cita subraya por qué equilibrar el descanso con el esfuerzo es innegociable. Sin descanso y recuperación, te quedas seco, haciendo que lograr cualquier objetivo se sienta como empujar una roca cuesta arriba.

Considera estos consejos como combustible para el cerebro, consumidos en pequeños intervalos, manteniéndote enérgico. Programa momentos de relajación total en tu día (sí, realmente asigna tiempo), incluso si son un par de descansos meditativos de cinco minutos entre tareas más largas. Observa cómo disminuye el estrés y aumenta la claridad. Participar en una rutina cognitiva (como rompecabezas) mezclada con ejercicios físicos (como yoga) crea un guion sostenible.

La vida requiere equilibrar asignaciones: distribuye tus energías principalmente entre lo esencial y el ocio. Adopta todo incrementalmente:

- Identifica picos de adrenalina y bajones de energía dentro de tu día.
- Programa actividades que complementen tus ritmos.
- Usa calendarios o alarmas (para recordar los descansos).

Construir autodisciplina implica reconocer necesidades genuinas equilibradas con esfuerzo y suficiente descanso, y permite logros duraderos.

Al interconectar dinámicamente estos principios, evita los descensos que sofocan la progresión. El esfuerzo no significa inmediato. Los resultados duraderos se materializan con métodos constantes y graduales, preservando siempre tu verdadera intención. Enfócate deliberadamente... Es paciencia duradera, consistencia relatable cautivando tus resultados que toman tiempo para ser nutridos. ✿

Integrando la autodisciplina en todas las áreas de la vida

Tener una fuerte fuerza de voluntad no es solo algo que necesitas para tareas importantes o plazos estresantes, puede influir en cada parte de tu mundo. Permíteme compartir lo que quiero decir.

Piensa en la vida personal: hacer las cosas en casa, ser estricto con las elecciones más saludables o mantener un nuevo pasatiempo. Tener esa disciplina para despertar a la misma hora todas las mañanas, incluso los fines de semana, establece una base sólida. Son las pequeñas cosas... como hacer tu cama (hay evidencia que sugiere que incluso puede mejorar tu estado de ánimo), o no saltarte el ejercicio... lo que más importa. Intenta crear una rutina matutina.

- **Hora de despertar**

  Establece una hora específica para levantarte de la cama y haz que este tiempo sea sagrado. Es como crear un ancla mental para cada día. ¿No eres una persona de mañanas? Puede parecerte terrible al principio, pero confía en mí... se volverá más fácil.

- **Tarea pequeña**

  Comienza tu día con una acción simple, como hacer tu cama. Esta pequeña tarea proporciona un sentido de logro y establece el ánimo. ¿No suena como mucho? ¡Bueno, sigue siendo una pequeña victoria al principio!

- **Hora de ejercicio**

  Elige un ejercicio que ames (o al menos no odies) y mantente con él. Sé amable contigo mismo recordando que los pequeños pasos importan. (Hoy, cuando llueva, simplemente conformate con estirarte si no puedes salir).

En la oficina, la disciplina no se trata solo de producir trabajo; se trata de mantener un nivel constante de excelencia, equilibrar eficiencia y calidad, y seguir una rutina que maximice la productividad. Lo que significa (y no puedo enfatizar esto lo suficiente), la planificación, la planificación, la planificación... realmente ayuda.

- **Planificador diario**

  ¡Ten uno! Comienza tu día enumerando las tareas importantes. Hará maravillas manteniéndote en el camino correcto. Trata esta lista más como una guía, a veces surgen cosas que no están en tu radar.

- **Divídelo**

  Las tareas grandes pueden convertirse rápidamente en monstruos inmanejables. Dividirlas en partes más pequeñas es el salvavidas de la cordura. Nadie puede terminar todo en un solo bloque gigante.

- **Control de tiempo**

Configura alarmas si es necesario. Mantener un registro de tus tiempos asignados te ayuda a no desviarte. Antes de que te des cuenta, tu nivel de productividad aumenta naturalmente.

Pasando al aspecto social de la vida... Ser disciplinado no significa ser rígido o aburrido, sino que se trata de cumplir promesas, llegar a tiempo y hacer saber a tus amigos que pueden contar contigo. ¡La responsabilidad es genial! Ya sea respondiendo rápidamente a los mensajes o cumpliendo con los encuentros, todo está interconectado.

¿Un buen truco? Intenta establecer reuniones semanales con amigos o familiares. De la misma manera que mamá dijo que deberías barrer debajo de esas esquinas de la cama, como adulto, ¡los mensajes no necesitan acumularse, esperarlos te estresará! Distribuirlos en secciones más pequeñas, por ejemplo, actualizando a tu mejor amigo cada miércoles, ayuda a formar hábitos fructíferos.

Desarrollar rutinas consistentes en los ámbitos personal, laboral y social no lo abarca todo, es ser consistentemente una mejor versión de ti mismo cada día. Hay una cita que lo resume perfectamente:

"La distancia entre los sueños y la realidad se llama acción."

Elegir esta disciplina duradera en lugar de una mentalidad de resultados instantáneos es crucial. Mejorar cada día, ese se vuelve tu objetivo (sí, apostaría alto a que esto cambia la visión de la vida). Establecer metas y seguirlas en todas las áreas de tu día a día importa. Son pequeñas promesas diarias contigo mismo hechas y cumplidas.

Aplicando la responsabilidad en todas las áreas, estás preparando un patrón disciplinado para luego cosechar recompensas (y algo de orgullo). ■ Cultivar este rasgo hace que sintonizar la vida sea más que alcanzar un objetivo, es llenar tus días con acciones con propósito salpicadas de pequeñas victorias para la satisfacción duradera. Tus 'resultados' duraderos siguen —no necesitas esperar— la victoria se siembra en ese camino disciplinado... cada paso que solidifiques.

En esas palabras y conceptos, hay tanto valor como practicidad. El acto de equilibrio interconectado de la vida mejora más que nunca —se convierte en una práctica valiosa para aumentar cada bolsillo de logro vinculado a tu caminar diario. Mantenerse firme allí cultiva una vida más enriquecida por delante.

Reflexión y Planificación Futura

Entonces, hemos llegado a esta parte del proceso donde es momento de reflexionar y hacer planes futuros, centrándonos en cómo conectar nuestras fortalezas y debilidades con nuestros próximos pasos… Piénsalo – ¿cuándo fue la última vez que te sentaste y realmente analizaste en qué eres bueno y qué, francamente, necesita mejorar? Es crucial. La reflexión regular te mantiene quebrado (en el buen sentido) – rompe los patrones en los que estamos demasiado cómodos, y ahí radica la clave para un progreso duradero.

Monitorear regularmente las fortalezas y debilidades no es solo importante – es esencial. Tómate un tiempo, tal vez cada mes o trimestre, para evaluar cómo has estado desempeñándote. ¿Hay patrones consistentes en lo que haces bien? De manera similar, ¿hay áreas donde consistentemente enfrentas desafíos? Una forma útil de hacer esto es llevando un diario. Anota lo que te pareció difícil, lo que salió sin esfuerzo, lo que te emocionó y lo que te aburrió terriblemente. Con el tiempo, verás que surgen tendencias.

Ahora, unamos esa reflexión con la acción futura. Piensa en cuando estabas aprendiendo a andar en bicicleta. Probablemente te caíste unas cuantas...docenas de veces antes de finalmente lograrlo, levantarte (quizás gritar "¡lo logré!"), y pedalear como el viento.

Establece metas futuras con la misma mentalidad. "Ok, ¿qué funcionó, qué no, y cómo quiero crecer?" se convierte en el mantra diario. Esto no significa que lo lograrás perfectamente cada vez, pero analizar el desempeño pasado te proporciona datos – ¡cosas poderosas!

Elaborar un plan de acción es donde sucede la magia. Es como plantar semillas (pero no estamos hablando de plantas aquí) – el objetivo es crecer continuamente. Divide los grandes objetivos en tareas pequeñas y manejables. Se siente más fácil y menos abrumador. Por ejemplo, si mejorar en hablar en público es tu objetivo – no apuntes a hablar en un evento importante *de inmediato*. Comienza con charlas en grupos pequeños, luego tal vez con un equipo más grande, aumentando progresivamente a medida que te sientas cómodo.

Aquí tienes una forma práctica de hacerlo:

Paso 1: Evalúa Tu Desempeño Regularmente

- Lleva un diario para anotar lo que ha sido difícil o fácil.
- Identifica patrones consistentes en tareas, emociones o resultados.

Paso 2: Establece Metas Basadas en tu Análisis

- Utiliza las notas de desempeño para fijar metas específicas y alcanzables.
- Prioriza según tus propios sentimientos de emoción y dificultad.

Paso 3: Crea Planes de Acción en Tamaño Bocado para el Crecimiento

- Divide los objetivos en tareas más pequeñas – las pequeñas victorias aumentan la moral.
- Asegúrate de que cada tarea tenga un límite de tiempo para mantenerte responsable.

Por ejemplo, alguien reflexiona que siempre evita las tareas difíciles hasta la fecha límite. Una meta podría ser mejorar la gestión del tiempo, y un plan de acción sería establecer mini-fechas límite a lo largo de la semana. El crecimiento luego viene de cumplir consistentemente esas mini-fechas límite, aprendiendo en el camino, y ajustando según sea necesario.

Subrayemos la importancia de hacer todo esto regularmente. Sin una reflexión y planificación consistentes, es como vagar en una densa niebla. Como dice el título, **"La gestión efectiva de la evaluación y reflexión de tareas… ¡es el secreto para una mejora y crecimiento sostenidos!"** ¡Pero diviértete! La reflexión puede sentirse intimidante y seria, pero no necesita serlo si se integra de manera comprensiva y consistente en tu vida cotidiana.

Entonces, toma ese diario, comienza a tomar notas y evaluar, establece metas alcanzables basadas en tus evaluaciones, crea pasos concretos, y veamos cómo puedes construir un impulso imparable planeta...poco a poco.

¡Vamos a ser Prácticos!

¡Y estamos en marcha... sumergiéndonos directamente en la belleza de la vida disciplinada! En este ejercicio, vamos a seguir un enfoque paso a paso para implementar todo lo enseñado en el Capítulo 9 de nuestro encantador libro, "El Poder de la Auto-Disciplina Positiva." ¿Nuestra misión? Asegurar resultados duraderos dominando la autodisciplina en tu vida diaria. ¿Listo para empezar? ¡Comencemos!

Estableciendo Motivaciones a Largo Plazo

Piensa en lo que realmente enciende tu espíritu - esos grandes sueños que hacen brillar tus ojos. Escribe estos objetivos a largo plazo. Habla contigo mismo; pregúntate, "¿Por qué quiero esto?" Por ejemplo, si tu objetivo es correr un maratón, anota las razones, como mejorar la salud, aumentar la resistencia, o incluso recaudar dinero para caridad. **Escribirlo profundiza tu compromiso.**

Implementando Kaizen

Adopta el método de mejora continua... así es, estamos hablando de Kaizen aquí. Para tu objetivo de maratón, comienza incorporando cambios modestos e incrementales en tu rutina. Esto podría significar comenzar con un trote de media milla tres veces por semana. ¡Sigue tu progreso! Por cada pequeño éxito, celebra un poco - tal vez date un premio con una hora extra de un programa de TV que disfrutes. Pequeños cambios con el tiempo se acumulan en transformaciones magníficas.

Encontrando Equilibrio: Descanso y Esfuerzo

El equilibrio es un héroe desconocido. Estás esforzándote al máximo para ese maratón, pero tu descanso es igual de crucial. Planifica días de descanso para evitar el agotamiento - piensa en la recuperación muscular, la rejuvenecimiento mental, y en mantener una rutina sostenible. Está bien relajarse y leer un libro o ver una película de vez en cuando. Pasar un rato en una cafetería con un amigo también es oro para el alma. Y confía, tus piernas (y tu mente) te lo agradecerán.

Disciplina en Todas las Áreas de la Vida

La consistencia es tu pan y mantequilla... vamos a extender esa mantequilla suavemente por todas las áreas de tu vida. Comienza a programar tiempos regulares para actividades pertinentes a tu objetivo. ¿Supongamos que deseas aprender a tocar la guitarra mientras te preparas para el maratón? ¡Genial! Dedica una hora específica únicamente para practicar música cada semana y adhiérete religiosamente a ello. Este hábito significa disciplina en todas partes, convirtiéndote en una potencia de productividad.

Sesión de Reflexión

Agarra ese diario o abre un nuevo documento en tu dispositivo. Es hora de una reflexión sincera y profunda. Cada semana, anota qué está funcionando y qué no. ¿Alcanzaste tus metas de correr? Si es así, ¿cómo te hizo sentir? (¡Sí, presume un poco!) Si no, sé amable contigo mismo e identifica por qué. La planificación futura sucede aquí - aclara qué ajustes son necesarios en tu plan. Ordénalo como si estuvieras hablando con un amigo... solo que ese amigo es tú mismo de la semana pasada.

Ejemplo de reflexión: "Esta semana corrí tres veces pero no lo hice el jueves porque me entregué a una cena indulgente a mitad de semana con amigos. Aunque disfruté cada momento. Para la próxima semana, cambiaré mi día de descanso al jueves e intentaré una carrera por la noche antes de disfrutar."

Visualizando el Éxito Futuro

¡Pon a trabajar esos cerebros creativos! Imagina el exitoso resultado final de tus metas con hábitos auto-disciplinados arraigados en tu rutina diaria. Visualízate cruzando la línea de meta del maratón, imagina los aplausos y disfruta de esa victoria futura. Pinta una imagen mental vívida pero con tonos realistas.

Ejemplo: Visualizando no solo la gloria de terminar, sino los momentos difíciles que superaste en el camino. Las verdaderas victorias son aquellas duramente ganadas a través de esfuerzo y perseverancia.

Celebra los Hitos

Después de todo este trabajo duro, las pequeñas celebraciones te mantienen motivado. ¿Completaste tu carrera más larga hasta la fecha? Permítete ese pastel favorito después (¡yo tomaré el croissant, por favor!). ¿Cumpliste con tu horario de guitarra? Mira esa película sin culpa.

¡Felicítate - no, en serio, hazlo! La disciplina merece reconocimiento.

¿Tus pies siguen el compás de nuestro manual práctico para resultados duraderos a través de la disciplina? ¡Perfecto! Ahí lo tienes... un viaje suave, práctico y libre de jerga para conjurar esas habilidades que adquiriste en el Capítulo 9. Llena cada uno con esfuerzos sinceros respaldados por disciplina diaria y un toque de paciencia, y no solo estarás sobreviviendo sino prosperando absolutamente.

¡Que comience el juego! Estás en camino hacia la consecución de esos resultados duraderos.

Conclusión

"La autodisciplina comienza con el dominio de tus pensamientos. Si no controlas lo que piensas, no puedes controlar lo que haces." - Napoleon Hill.

Entonces, hemos llegado al final de este libro: el **viaje** a través del Poder de la Autodisciplina Positiva. *¿Te sientes inspirado ya?* Resumámoslo y déjate equipado para enfrentar el mundo con tus nuevas habilidades.

Desde el principio, hemos descubierto la ciencia detrás de la autodisciplina positiva. Comenzamos explorando la disciplina positiva, su base biológica y cómo funciona la fuerza de voluntad en nuestros cerebros. Lo fascinante es cómo las emociones juegan un papel significativo en nuestra capacidad para mantener la disciplina. La disciplina positiva no solo nos ayuda a alcanzar nuestros objetivos, sino que también beneficia enormemente nuestra salud mental. Es como apilar ladrillos para construir una fortaleza, sólida y útil.

A medida que nos movimos hacia la comprensión del cambio, exploramos cómo conquistar el sesgo que nos mantiene arraigados en nuestras zonas de confort e identificamos formas de superar el miedo a avanzar. Con resiliencia y pensamiento positivo, aprendiste el poder de los cambios de mentalidad y creaste tu propia visión para el crecimiento personal, como pintar una obra maestra de pincelada en pincelada.

¡Ah, la fortaleza mental! Esta parte fue crucial. Descubrimos lo que realmente significa la fortaleza mental y cómo fortalecerla. Enfoque, funciones ejecutivas, flexibilidad cognitiva y control de impulsos son pilares fundamentales. Imagina estos como herramientas afiladas que has agregado a tu arsenal, cada una sirviendo un propósito específico y vital.

No nos detuvimos ahí: establecer metas con intención, construir hábitos productivos, comprender las metas SMART, la visualización y las rutinas agregaron capas a nuestro marco. Estas herramientas son tus mapas, guiándote para atravesar colinas y valles mientras avanzas.

En la sección de aplicación práctica, ¿quién podría olvidar las técnicas de gestión del tiempo? El método Pomodoro, el bloqueo de tiempo y la Matriz de Eisenhower sirven para maximizar tus horas. El trabajo profundo y pequeños cambios de rutina, como la Regla de los Dos Minutos, brindan caminos para días eficientes y productivos.

Finalmente, lograr resultados duraderos a través de la práctica constante, ¿no es eso lo que todos buscamos? La motivación sostenible, el kaizen, el equilibrio entre trabajo y descanso, y la integración de la disciplina en diversas áreas de la vida completan el kit de herramientas.

¿Tu último paso? *Aplicar.* Toma lo que has leído, lo que has aprendido, y practícalo a diario. Se trata de tomar estas ideas y incorporarlas en tu ritmo de vida. La autodisciplina puede servirte como nada más, llegando a cada rincón de tu mundo.

Aquí va un pensamiento personal: dominar la autodisciplina se siente como desbloquear una fuerza oculta que siempre poseías pero nunca supiste que existía. Así que sal con confianza y deja que estas técnicas moldeen tu presente y futuro. Es hora de la acción y de posibilidades infinitas...

¡Tu mejor vida te espera! ¡Vamos por ella!

¡Una reseña ayudaría!

Cuando apoyas a un autor independiente, estás apoyando un sueño.

Si estás satisfecho, por favor deja un comentario honesto siguiendo estos pasos:

- **Haz clic** en el enlace de abajo
- **Selecciona** la portada del libro que compraste
- **Haz clic** en Reseña
- **Envía**

Si tienes alguna sugerencia para mejorar, por favor envía un correo electrónico a los contactos que puedes encontrar en el enlace de abajo.

Alternativamente, puedes **escanear el código QR** y encontrar el enlace después de seleccionar tu libro.

Solo toma unos segundos, pero tu voz tiene un gran impacto.

Visita este enlace para dejar un comentario:

https://pxl.to/LoganMind

¡Únete a mi Equipo de Reseñas!

¡Gracias por leer mi libro! Tu tiempo e interés significan mucho para mí. Me encantaría invitarte a ser parte de mi **Equipo de Reseñas**. Tu opinión honesta sería increíblemente valiosa, y como beneficio, recibirás una copia gratuita de cualquier libro nuevo que publique.

Sigue estos sencillos pasos para unirte al equipo de ARC:

- Haz clic en el enlace o escanea el código QR.
- Haz clic en la portada del libro en la página que se abre.
- Haz clic en "Unirse al Equipo de Reseñas".
- Regístrate en **BookSprout**.
- Recibe notificaciones cada vez que publique un nuevo libro.

Echa un vistazo al equipo aquí:

https://pxl.to/LoganMind